领导力法则

成为高效领导者的关键法则

孙惟微◎著

文化发展出版社
Cultural Development Press

图书在版编目（CIP）数据

领导力法则 / 孙惟微著． — 北京 ： 文化发展出版社有限公司，2019.11

ISBN 978-7-5142-2820-5

Ⅰ．①领… Ⅱ．①孙… Ⅲ．①企业领导学 Ⅳ．①F272.91

中国版本图书馆 CIP 数据核字（2019）第 246422 号

领导力法则

作　　者：孙惟微

责任编辑：周　晏
产品经理：杨郭君
监　　制：白　丁
出版发行：文化发展出版社有限公司（北京市翠微路 2 号）
网　　址：www.wenhuafazhan.com
经　　销：各地新华书店
印　　刷：三河市冀华印务有限公司

开　　本：700mm×980mm　1/16
字　　数：233 千字
印　　张：17
版　　次：2020 年 1 月第 1 版　2020 年 1 月第 1 次印刷
ＩＳＢＮ：978-7-5142-2820-5
定　　价：48.00 元

本书若有质量问题，请拨打电话：010-82069336

目录

第3章 愿景法则

造船之前，先唤起人们对大海的渴望

第4章 使命法则

追随使命，而不是追随激情

第5章 乐队法则

演奏乐队，还是唤醒乐队？

序：领导力的回归

在很多情况下，领导与管理会被混为一谈。其实，领导与管理是两种不同的思维方式。

领导讲究的是唤醒、点燃，“与有荣焉”；管理讲究的是“胡萝卜加大棒”“前面有肉，后面有狼”。领导更倾向于经验主义，而管理更倾向于理性主义。

古老的领导力

蚂蚁是一种社会昆虫。比如在蚁群中有蚁后、蚁王、雄蚁、工蚁和兵蚁等，它们有不同的分工和职能，甚至有些分工就是天生注定的。

人是一种社会动物。人类社会也有各种分工。领导力、追随力最初都起源于人的一种天赋本能。领导力，最初是人类应对各种挑战所产生的一种能力。比如抵御野兽或外敌的入侵，围猎或分配食物、资源，都需要领导力。所以，领导力是与人类历史一样漫长的事物。

领导是一种古老的智慧，一种基于经验主义的实践总结。从三皇五帝的神圣事迹，到封建帝王的文治武功，乃至近代手工作坊的运营方法，都离不开领导力的推动。

管理这个概念，始于1911年工程师泰罗的《科学管理原理》一书的问世。泰罗式管理是一种基于理性主义的组织理论。泰罗制最神奇的地方在于，它将人所要完成的任务进行拆分，然后像组装机械一样进行组合、优化，极大提高了生产效率。但“科学管理”从诞生之日起，就争议不断。因为它过于强调控制。以福柯为代表的一些学者甚至认为，整个资本主义工商管理体系，都起源于监狱和奴隶制。

与领导力相比，科学管理只能算是一种时髦的东西。甚至可以说，科学管理只是人类历史长河中的一朵短暂的浪花——在人工智能和机械化全面替代人工之前的一个临时解决方案。须知，在过去20年，这种趋势已经淘汰了3.5亿名产业工人。

时过境迁，当“白领”人数超过“蓝领”时，标志着人类进入了知识经济时代。智力密集型组织的出现，像设计流水线一样，拆分步骤、严格控制，让科研、创意成果也量化生产，只是刻舟求剑、缘木求鱼。作为一种替代，“现代管理”应运而生。

1954年，“现代管理学之父”彼得·德鲁克的《管理实践》问世。德鲁克并没有一本专门讲领导力的作品。然而，这些著述却有一个共同特点，就是向经验主义的回归，德鲁克的大部分理论，其实就是讲领导力的。

我们的先人并不懂“科学管理”，但一直在发挥“领导力”。没有管理，效率可能没那么高，没有领导力，组织一定会崩溃。

管理学的吊诡

企业家最具有开拓精神，他们的实践总是先于理论。

中国有个成功的火锅连锁企业名叫“海底捞”。有人经过一番归纳，最早提出一个概念，说海底捞的成功，得益于一种名叫“家文化”的企业文化。

这让海底捞的创始人张勇惊出一身冷汗，赶忙出来解释，说海底捞不存在什么家文化，自己只是一名典型的企业主。所谓的“家文化”不过是媒体、教授和员工共同想象出来的一种东西。

管理学家们追逐热点，研究成功企业采用了什么样的手段，这其实是一种进步。但这样归纳出来的学说，难免会存在一种“幸存者谬误”。

比如绩效考核，这是商课教材的标配内容。但据彼得·德鲁克考证，绩效考核原本是精神病医院矫正行为障碍患者的一种手段。

再如，在商界广为流行的“思维导图”，其实最初是用来和那些低智商、有学习障碍的孩子进行沟通的一种工具。但凡有点儿正常思维能力的人，谁会用“思维导图”去辅助思考呢？

守成式企业家，经常会被理性主义的管理工具所迷惑。索尼公司，这个昔日顶级家电的代名词，史蒂夫·乔布斯的偶像，在第一代创始人井深大和盛田昭夫离任后，开始由盛转衰。索尼的一位董事曾在《文艺春秋》发文反思索尼衰落的根源，在于“绩效主义”。可以说，索尼之所以没落，就是拜“管理”二字所赐。

管理当然是有用的，但也只在特定范围内有用。管理的有效边界非常明显。比如说，传统的流水线车间，在机器人替代工人之前，按照泰罗的管理手段，可以把人的生产效率提升到极限。

一旦面临稍微复杂的场景，管理就欲振乏力，甚至会闹笑话。人们发现，那些被吹得如魔法般的管理工具常常没什么用。比如说高端服务业、创造性工作、科技研发工作等，你最终会发现“每一个 KPI 指标背后都有一个复仇女神在等着你”。

领导力是必须修炼的

西方有一句古谚：每个士兵的背包里都有一支元帅的指挥棒。

这是因为，战争中的任何领导者，甚至是最高指挥官，都随时可能受重伤甚至丧命。一旦这种极端情况发生，那么下级领导者，甚至是没有担任过领导的士兵就必须立刻准备接管一切，肩负起带领团队去战斗的使命。

所以，领导力并不是管理层才需要有的素质，而是每一个身处职场的人都要修炼的能力。

当越来越多被鼓吹得神乎其技的管理工具失灵的时候，当越来越多的经营者发现管理的局限的时候，人们又开始乞灵于古老的领导力。这也是近些年“领导力”话题大热的根本原因。

领导力是可以修炼，也必须修炼的。人的天赋各自不同，领导力的高下，当然有天生的因素。然而，就算一个人天生就有音乐细胞或数学天赋，但没有经过系统的训练，也难以成为卓越的高手。领导力也是通过后天修炼可以提高、升华的。在这本小册子里，我想从进化心理学、行为学、心理学的角度来谈领导力的来龙去脉，廓清迷思。望这本书能对管理的实践者有所启发。

第 1 章

部落法则

公司不是家庭，而是部落

领导力是不可复制的，就如每个人的人生际遇不可复制。

我们愿意追随谁，与我们喜欢和谁做朋友一样，都有天性决定的因素。但更多时候，我们会超越个人好恶，为了更高远的目标追随他人。成功的领导者是有一些共同特质的。领导力是可以修炼的，你的阅历、实践、改变就是修炼。

天然的领导力

领导力，首先是人类应对情景挑战所出现的一种自然本能。

即使在鸟类、猩猩、狼、羊群中也存在天然的领导力。

蜜蜂、蚂蚁之类的社会性昆虫更不用说了，它们会自动分工，形成领导者和追随者。人类则是一种社会性动物，只要是有人扎堆儿的地方，就会形成各种联盟，出现一个事实上的领导者。

哪怕是一群孩童只是纯粹地玩儿，也会形成一个事实上的“孩子王”。哪怕是一次陌生人之间的短期随团旅行，除了导游之外，很快会在旅行者内部形成联盟，并出现一个事实上的领导者。

比如，一个旅行团在景区被宰了，大家倾向于推举一位高大、威猛、敢言的人做“话事人”。或者像电视剧《迷失》中那样，当一群现代人坠落荒岛时，年富力强、杀伐果断的人会成为事实上的领导者。

这种非正式的联盟，其实就是一个隐形的部落。这种领导力是从哪里来的？别人为什么会追随你？

曾经有一篇名为《行长的面部宽高比影响银行绩效的路径研究》的论文，遭到网友的群嘲。其实，国外学者做过很多类似研究。比如，有研究者曾准备了四张照片，其面部特征为：

男生女相

男生男相

女生男相

女生女相

让一群人从中选举领导者。在面临外敌入侵的情景时，大家倾向于选择男性性征强的人做领导者；在面临处理部落内矛盾的时候，大家倾向于选择女性性征强的人做领导者。

《经济学人》也发表过一篇类似的论文，研究的是对冲基金经理面部宽窄对业绩的影响，得出结论：基金经理的脸越宽，业绩越差。

外显的“颇相”并不在本书探讨范围，但本书会涉及一些人格特质与领导力关系的内容。

为什么别人会追随你呢？

跟着你，有肉吃

人们常说：跟人是一门艺术。

我们的远古祖先，在应对进化挑战的过程中，获得了很多“如果—那么”构成的特异性心理机制。

与领导力对应的，还有一个追随力的概念。这种追随力，与我们求偶、自我保护、养育后代一样，也是在长期的进化过程中形成的一种心理机制。比如，我们更倾向于追随一个坚定的人，而不是追随一个善变的人。

想想我们的祖先：有巢氏、燧人氏、华胥氏、伏羲氏、神农氏、黄帝……

他们的领导地位是怎样形成的？某个上级任命吗？肯定不是。

为什么会有那么多人追随之、崇拜之、颂扬之、追思之、神话之？

很简单，大家发现，信他们的人，总能做成事儿，跟着他们就能有房住、能烤火、能吃上熟的食物、能穿上华丽的衣服，信他们的预言准就能打到更多猎物，按照他们的历法就能获得丰收，听从他们的安排就能打胜仗……他们的领导地位是在实践中形成的。

这种“跟着你，有肉吃”的内驱力，其实是一种以信任和互惠为基石的“追随力”。

领导不仅是一个职位，更是一种能力。一个公司的领导，如果无法顾及下属的利益、不能带领团队取胜，他很快会迎来职位被架空的命运。

跟着你，有安全感

假设有一个以狩猎为主的原始部落，有两位猎人比邻而居。

猎人甲动手能力强，他很擅长制作弓箭。猎人乙喜欢与动物打交道，他更擅长驯马。

猎人甲做了十几套弓箭，猎人乙驯养了几匹马。

某天，猎人甲出于善意，也出于信任，把自己制作的弓箭作为礼物送给了他的邻居猎人乙。

出于互惠，猎人乙把自己的马回赠给了这位猎人甲。

两个家庭，继续类似的交往，他们的生活都会大大改善，他们再也不必都事事自己操心筹备，因为他自己的劳动剩余已能更有效率地做好这些事情。

这是亚当·斯密在《道德情操论》中，有关市场的起源的描述。

亚当·斯密认为，正是信任、利他主义、互惠，使得人类的交换行为成为可能。

信任是市场交换行为的基石。

公司的本质，其实就是一揽子市场交易行为的打包——各个市场主体之间，干一个活儿签一次协议太麻烦了，或者说交易成本太高了。

公司其实也是一个部落。人们在一个部落中追随一个领导者，其实是暗中签了一个互惠契约，或者说是有一个默契的——我追随你、尽量按你的要求行事，未来某日你要给我所期望的回报。刘关张为什么要桃园结义啊？就是要强化这种契约关系。

这种期望，包括了从温饱、安全这种基本需求，到获得友谊、支持这种社交型需求，以及成绩、赞赏这种自尊型需求，甚至光宗耀祖、封妻荫子的自我实现型需求。

追随者一直都在暗中观察、品评领导者，以防自己遇人不淑。

领导者为了能打胜仗、做成事儿，还需要通过一些日常琐事让追随者确信：你本质上就是一个互惠互利、公平公正的人。

你要让追随者确信，只要效力于你，在未来成功后，一定会有相应的回报。不会分配不公，更不会兔死狗烹。

追随者建立了这个信念后，才会获得安全感，才会有毫无保留的付出。高明领导者所做的很多貌似无意义的行为，不过就是为了强化追随者这个信念。

你要让自己的行为具有一致性，而不是善变。反过来，任何日常的半信半疑、出尔反尔、阴晴不定、背信弃义，都会启动追随者的自动化决策机制，都会削弱团队战斗力。

从这个意义上来说，“扑克脸”可能意味着一种领导力的基本功——只在下属做对了的时候，给予积极的反馈就可以了，其他时间则“呆若木鸡”。

下属做对了，或者出了成效，要给予适时、适度、适当频率的奖励。这样他们的行为就会被强化，甚至会为自己的工作着迷、上瘾。对那些小的错误，可以假装没看见。稍微大一点儿的错误，关起门来教育。假以时日，下属的行为，只会朝一个方向转变——朝你奖励的那个方向走。

这个方法不是瞎琢磨出来的，是“二战”时候，美国军方雇佣的一位行为操纵大师发明的。这位已故的操纵者，就是行为主义心理学大师斯金纳。

美军为什么雇佣这么一位民间高手？那时雷达还只是一个概念，尚处于实验室试验阶段，不太靠谱。而信鸽有磁觉，能感受到地球磁场，美军想训练鸽子来制导导弹。尽管鸽子在与雷达的竞争中落败，但斯金纳的秘密研究也可以不再保密了，他的这个方法轰动了学术界，甚至引起了全美管理界的一股变革风潮。

斯金纳用这种方法训练出过会弹钢琴的鸽子、会叼篮子的猫、会使用吸尘器的猪。他也是这样谈恋爱的，他从不对女友说“我爱你”，而是说“谢谢你今天又给了我正强化”。

他也是这样教育孩子的，他说过，给他十几个小孩，他可以把这些孩子培养成任何领域的顶级人才。他的育儿理念也很简单：对小孩做对了的地方，就给予奖励和赞赏；做错了的地方，就假装没看见。很多人对他操纵他人的观点感到寝食难安，造谣他拿孩子当小白鼠，最后孩子发了疯。事实上，斯金纳的孩子很健康，也很爱他。

跟着你，有归属感

曾有一家出版社，要以1元钱将社办印刷厂卖给一个民营印刷公司，条件是接收印刷厂的所有职工。这位民营印刷厂的总经理连连摇头：接收了你们一个职工，我整个厂的效率都会被拉下来。这其实是两种企业文化的融合问题。每个“部落”的语言体系、价值体系是不一样的，结成部落联盟，是需要磨合的。

要解释这种现象，还要用哈佛大学行为学教授梅奥的理论。

泰罗式管理把人假设为绝对理性的“经济人”。在这个前提假设下，无疑会推导出“胡萝卜加大棒”式的管理学（X理论）。但“前面有肉，后面有狼”式的管理，并不能满足资本家对效率的渴求。

20世纪初，哈佛大学行为学教授梅奥获得了一笔资助，研究在一个地名为霍桑的一间工厂里，能否通过改善工人的工作条件与环境等方式，进一步提高劳动生产率。

梅奥在霍桑工厂的这一系列实验，搞了8年多，通过研究、对比、统计，最终只得出了两条结论。

第一，人是社会人，不是“经济人”。

第二，企业这种正式组织内部还存在着非正式组织。

人只要在一起做事，就会建立起关系的连接。这种连接和隐形的部落一样，是一种非正式组织。

梅奥在实验中发现，工厂中的工人会自发结成一个隐形的联盟，一个班组为了维护本团队的利益，会自发地形成一个默契：谁也不能过分积极，“争当先进”，也不能谁干得太少，以免影响团队的产量，并且不能够向老板告密。

非正式组织这个概念，有点儿类似中文里的“江湖”。正所谓有人的地方就有江湖，在一个正式组织里，一定会存在非正式的组织，一个隐形的部落。

为什么这样呢？

打个比方，在古代，一个人用一根铁杵，一天可以磨成一根针，很有成就感。

进入工业社会，这种磨针匠消失了。在一个高度分工的作坊里，会把磨针的流程进行细分，18个人各自负责一个环节，一天总共可以磨4800根针。生产率固然提高了，工作却失去了“匠人精神”那种满足感，失去了“十年磨一剑”式的自我实现。但人是非常聪明的，他们会从分工所带来的社会关系中去寻找意义的补偿。

也就是说，在一个团队里，人们工作的一大动机，是通过同事关系获得认同感。梅奥发现，员工对同事的社交影响力，超过了管理者所给予的金钱激励。

曾有一位民营企业的女销售，为了离家近，跳槽到某单位上班。

到了这家单位后，这位女销售发挥在民营企业时练就的业务素养，两个星期完成了别人需要大半年才能完成的回款任务。但这位女销售非但未获得任何褒奖，还遭到了所有同事的白眼儿。

你以为美国式管理一开始就“以人为本”吗？才不是呢。“泰罗制”堪称一种现代奴隶制，它极尽压榨之能事，每隔18年，就将工人的人工生产率翻一番：2、4、8、16、32、64，泰罗制发明还不到一百年的时候，资本主义国家人工生产率已经提高了50倍。

然而，资本对效率的胃口是永无止境的。这种贪婪，也客观上促成了人的一条自我解放之路。

斯金纳、梅奥等人的研究，有力地论证了，领导，而不是控制，是如何让人迷上自己的工作的。正是从此，学界才开始探索“人本”管理的。

梅奥的“社会人”假设的理论基础是人际关系学说，它与经济人假设相对应，管理学界称它为 Y 理论。

跟着你，有成就感

军队是领导力的集大成者，因为军队的管理必须实事求是，玩虚的是会死人的。

越是恶劣的环境，越是需要非正式任命的领导力。我们假设一种极端的情况，一支部队的将领牺牲了，副将也牺牲了，剩下来的将士，谁来领导？

谁官大谁是领导？才不是。只有那些能带领大家活命、打胜仗的人才能成为事实上的领导者。

1918年秋，一支由17名士兵组成的美国巡逻队，在一位中士的带领下进攻法国的阿尔贡森林。由于看错了地图，他们误入了敌人阵地后方。

一名德国机枪手发现了巡逻队并开枪射击，结果巡逻队死伤过半，其中包括巡逻队的队长。于是，一位名叫约克·阿尔文的普通士兵接任了队长，他与9名幸存的战友摧毁了35挺机关枪，并最终俘获了100多名德国官兵。

对于约克的神奇表现，法国元帅斐迪南·福煦这样称赞道："在整个欧洲军队的士兵中，你的表现是最为杰出的。"不久后，约克·阿尔文晋升为中士，并获得了美国国家最高勋章——国会荣誉勋章。

再假设一种极端情形：一个民营集团公司的大区经理和某个地市级总经理卷款潜逃了。

谁会是这个公司新的地市级总经理？

理论上，应该是副总，但往往不是这样。因为这种恶性事件发生后，无论是上级还是下属，都会对这些中层领导不再盲目信任，原有的干部任命机制也会遭到质疑。这个时候，上级会过来观察，大家在事实上听谁的，谁在事实上最有领导力。

上级考察你的领导力，就一条：有没有人追随。

可是大家凭什么追随你？下属也会考察你的领导力。你能不能给大伙儿争取更好的待遇，能不能带领大家完成挑战，多拿奖金？

你的职位，其实只是一块“敲门砖”。下属会在实际工作中观察你的行为模式。比如，一家集团公司其实就是一个部落联盟，当你的部落和兄弟部落有利益冲突时，你有没有能力保护部属的利益，去为自己的部落争取到较大的蛋糕？工作能力强不强，就看能不能把事情做成，拿到更多的奖金，最后能“跟着你，有肉吃”。

如果你做不到，你的领导力就会被削弱，甚至可能被架空。

假如你是一位酋长

当我们遇到了好领导，就会庆幸自己“跟对人了”。

现代人的行为模式，与我们10000年前的祖先并无本质的区别。现代人的头骨里，仍然装着一副原始智人的大脑。

假如领导这个职位只需要下达命令就可以了，那还不如安排个机器人——把公司的规章制度输进去，通过传感器实现“千手千眼”的监督。机器人不会徇私舞弊，还可以节省高管的薪水。事实上，领导没那么简单。现实中常见的情形是：一个企业“空降”的领导，不能够带这个团队不断取胜，不久就被架空了。

修炼领导力的一个途径，就是假设自己是一个原始部落的酋长。

关于领导力的最美好画面，是大家取得了胜利，一起搞团建。篝火燃起，大家载歌载舞，大碗喝酒、大块吃肉。部落酋长为大家分配各种战利品：猎物、珠玉、奴隶……还有封地的奖赏、职务的提拔，甚至对立功者子孙的承诺。

你好、我好、大家好。

然而，这一切并不容易。有些人的领导力来自天赋，更多人的领导力的修炼，是一条血泪之路。

有证据显示：人类越是聚集，人格的差异就越明显。这其实是一种大自然的进化机制导致的结果。

你所领导的下属虽然衣冠楚楚，但行为逻辑与披发文身的土著居民并无本质的区别。你所带领的人形形色色：无情的战士、自我挫败的逃避者、人来疯的耍宝者、事事请教的依赖者、孤独的隐士、古怪的巫祝、阳奉阴违的违拗者、谜之自信的挑战者……就连你自己，在大家眼里也可能是个怪物。

来自英国的一个研究表明，某些人格特质者确实比其他人格特质者更具有领导力。比如自恋型人格、表演型人格和强迫型人格。

150的魔咒

持进化论观点的人类学家认为，人类在进化过程中，每一个部落大约存150人。

罗宾·邓巴是英国牛津大学的一名人类学家，他研究了各种不同形态的原始社会，发现在那些村落中的人都是 150 名左右。这个发现被称为150定律。

罗宾·邓巴通过考古发现，当一个原始部落人口达到150人左右的时候，就意味着即将分裂。因为超过150人的时候，已经超出了人类大脑管理幅度的极限。

罗宾·邓巴推断出这一定律的另一个依据，是猿猴的智力与社交网络。

罗宾·邓巴认为，如果猴子的大脑皮层较大，它们的社会群体就会较大。经过对38个群组的猴子进行研究推算，邓巴得出人类处理社会关系的能力极限为148人的结论，四舍五入大约是150人。

从原始部落的村落到罗马帝国的小股部队编制，都与“邓巴数字”有着密切的关系。当我们要与超过150人处理关系时，我们往往会越来越没效率。

现代人已经不在部落中生存，但隐形的、虚拟的部落无处不在。罗宾调查了一些诸如纽约、东京这种大城市的居民，让他们列出一张与其交往的所有人的名单，结果他们名单上的人数大约都在150名。

假如你组织一个150人的派对，你可以记住每一个人的名字、好恶。如果你要组织一个300人或 500人的派对，其难度会陡然上升。你会感到茫然，仅仅是名字就很难记全。

企业文化其实就是一种部落文化。显然，所有人都是不同的，必须以不同的方式进行领导。

员工数量为150人的中小型企业，其实就是一个标准的部落规模，而大型企业则是由几个部落组成的。在同一个部落内，大家使用同一套话语体系和行事风格，这就是所谓的企业文化。

企业的视觉识别系统，比如标志、工装等类似于部落时代的图腾。作为民营企业来说，将部落与企业相对照，很多事情就会变得明了了。

是部落，而不是家庭

某明星IT企业，早些年极力宣传“以公司为家”，但当经济下行时，裁员起来毫不手软，在规定的极短时间内，必须办理离职手续。于是，员工满怀怨愤，写下“公司不是家”的文章，获得了大量共鸣。

想来也是，需要员工做贡献时，宣传公司是一个“大家庭”；不需要员工时，告诉员工只是纯粹的雇佣关系，这不是占员工便宜的“洗脑术”吗？

企业当然不是家庭，也不是“大家庭”，企业只是一个部落。

现代家庭大多是两代结构，传统的那种四世同堂式的大家庭结构已经瓦解了。

有真实血缘关系的人，尚且难以维系“大家庭”的结构，让一群陌生人组成“大家庭”更是不可能的。

现代社会，不但大家庭的结构瓦解了，甚至连终身雇佣都不复存在。

也就是说，领导者除了可以对极少数核心成员实行“拟亲化”家庭式领导，对于大部分同事，只能实行部落式领导。部落成员之间则可以守望相助，互惠互利，同舟共济。

有一句话是“把企业当作家”，不论这话是出自老板还是员工之口，只不过是一种出自归属感的美好愿望罢了。

黄铁鹰撰写的《海底捞你学不会》一书，将海底捞企业文化概括为“亲情管理”“家文化”。但海底捞创始人张勇对此避之唯恐不及。

张勇认为，海底捞的“家文化”本来就不存在，它只是媒体、教授和员工的一种集体想象。

张勇这样解释是明智的。因为你鼓吹家文化，其实是给了员工一个寻找家庭温暖的预期。在一个家里，儿子懒惰，老子依然会关心儿子；老子骂儿子，儿子依然和老爸亲。

可是，企业就是企业，在经营中，劳资双方并没有这么大的容错空间。这种预期落差只会导致怨念。

其实，先把账算清楚，才能有锦上添花的企业文化。就算是一家人，也要“亲兄弟明算账”。没有公平感，说再多道理都没用的。为了撕掉“家文化”这种标签，张勇甚至不惜自黑：“你去看看《资本论》，就知道我是怎么剥削你们的……我就是个资本家！”

经济学家科斯曾指出，公司的本质，是一种互惠的交易。公司运营的首要目的，就是减少交易成本。信任，是降低交易成本的核心。领导者要让追随者感到放心、安心，相信付出会有相应的回报，领导者不是一个假仁假义、喜欢占自己便宜的人就够了。如果领导者能把大账算清楚了，员工把公司视为家，也不是不可能的。

第2章

轴心法则

“成事”应是唯一尺度

有心理学者认为，只要能带领团队连打6次胜仗，你的领导力就自然形成了。

其实没那么夸张，以一枚正反概率各占50%的硬币来说，你能连续三次出正面或反面，就能让人叹为观止。更何况取胜这件事了。

在面临严峻挑战时，你能取胜一次，别人就会认可你；取胜两次，别人就会对你刮目相看；取胜三次，基本就众望所归了。

假如你能连胜四次，上级认为这个职位太轻松了，走马换将。结果第五次被新领导搞砸了，基本你就会被神话了。很大概率，你还会被请回来。

领导力的轴心是什么？

那就是能够“成事”。

这个轴心，之于战争，它就是胜利；之于企业，它就是能赚钱。

韩非子说：宰相必起于州郡，猛将必发于卒伍。你可以不认同“商场如战场”的理念，但战争模式培养了真正的领导力。要知道，输掉战争只有死路一条，更别谈什么封妻荫子。所以，在战争中，很多领导者并不是上级任命的，而是谁能带领大家活命，谁能带领大家取胜，就会被推举为事实上的领导者。

要把“成事”作为领导力的轴心，其他都是辅助。脱离这个轴心，领导力就失去了“合法性”的基础，就算暂时有人追随，那也不能叫领导，只能叫“误导”。

乔布斯，领导力的反面教材

今天的商界，很多人以乔布斯为偶像。

没有人会质疑史蒂夫·乔布斯的才华，但是，乔布斯的缺点是什么？

根据乔布斯官方传记透露的细节，心理学家倾向于认为，乔布斯身上兼具强迫（完美）型人格障碍和自恋型人格障碍。

乔布斯是如何从一个自恋、自私、猜忌的独裁者形象，通过自省和调整，修炼成为胸怀远见的领导者的？

投资人发现，乔布斯这种强迫型人格者难以授权，因为这种人有一个信念：如果不自己来，很多事情别人做不好。

另一位联合创始人史蒂夫·沃兹是一名技术天才，一名典型的极客，对管理一家公司更不能胜任。比如说，公司已经走向正规了，他仍执意要发明一种盗打电话的设备。

尽管乔布斯在营销能力上堪称一绝，但他自恋的性格，很容易让同事受伤。所以，乔布斯还是做一名产品经理比较合适。

苹果公司在最初是通过聘用迈克尔·斯科特作为首任 CEO 来解决这种局限的。

公司第二任 CEO 名叫约翰·斯卡利，是乔布斯亲自以他舌灿莲花的说服力，把人家从百事可乐公司营销总监的位置上挖过来的。乔布斯甚至说出了那句著名的话："你是想卖一辈子糖水，还是想要改变世界？"

两人一开始的合作是愉快的。乔布斯那时实际履行的不只是一个产品经理的职能。乔布斯身上有着超强的控制欲，他对自己的判断力自信到极点。他会利用自己作为创始人的地位，影响公司的发展方向。

乔布斯被逐出苹果公司之前，他的挚友加同事麦克·默里如此形容他：

"史蒂夫所做的市场调查就是每天早上看一看镜子里的自己。"

乔布斯用自己的影响力，向公司要了大量资源给自己主导的Apple Ⅲ和Apple Lisa，但这两个项目均遭失败。

乔布斯不气馁，又主导研发了Macintosh个人电脑项目，他预测将会在1984年卖出50万台。

所以，他继续说服公司把主要资源投到这个项目上。但事实是，Macintosh每个月的销量只有2万台左右。这次挫折成了压垮骆驼的最后一根稻草，公司高层之间开始互相埋怨，产生了分裂，也迎来了剧烈的人事动荡。

乔布斯和斯卡利的关系开始恶化，两人的工作关系变成了权力之争。最后发展到一山不容二虎的局面。

斯卡利并不是一开始就想把乔布斯逐出公司，但面对乔布斯咄咄逼人的进攻，他不得不反击。乔布斯早就试图赶走斯卡利，让时任苹果欧洲业务主管吉恩·加西取而代之。

乔布斯知道，投资人是站在CEO斯卡利这边的。于是，他和公司高管们打招呼，希望用高管逼宫的方式迫使董事会屈服，从而赶走斯卡利。

就像希腊神话中顾影自怜的纳喀索斯一样，自恋型人格者只能从这个世界看到自己，沉迷于自己的影子。乔布斯也因长期忽略他人感受的领导风格，为自己挖了一个坑。

尽管公司高管们表面上答应了，但他们内心更拥护性格远比乔布斯敦厚的CEO斯卡利。

斯卡利在董事会上也强硬表示："如果乔布斯还留在公司，我将辞职！"在这最后摊牌的时刻，高管们都选择站在斯卡利这边。更讽刺的是，乔布斯的职位由加西取而代之，而乔布斯则获得了一个名誉董事长的安抚性职位。面对这种出乎意料的"背叛"，乔布斯流着泪摔门而去。

青年乔布斯哪有什么领导力啊，简直是领导力的反面教材！

相比之下，斯卡利才是真正有领导力的人。斯卡利性格稳定，意志坚定，在长达十年的苹果 CEO 生涯里，苹果的销量从8亿美元增加到80亿美元。1987年，约翰·斯卡利的年薪是220万美元，是当年在旧金山年薪最高的职业经理人。

事实上，在所有帮助乔布斯成为乔布斯的人当中，斯卡利绝对算是重要的一位。乔布斯卖光了手中所有的苹果股票，只保留了1股，以便于收到公司的财务报表。乔布斯如果不卖这些股票，今天会价值大约650亿美元。

出局后的乔布斯刚满30岁，还有的是机会。乔布斯自我安慰：也许被逐出苹果是自己最奇妙的经历。紧接着，乔布斯创立了一家设计制造工作站的公司 NeXT，由于乔布斯不善于授权，公司运作得并不成功。但乔布斯在皮克斯动画这个创业项目上大赚了一笔。这让他有了日后重回苹果公司的资本。

领导者的轴心工作

盈利是企业的目标，也是CEO的轴心工作。1993年的时候，约翰·斯卡利因业绩不够理想，也被赶出了苹果公司。继任CEO虽然履历光鲜，但仍存在各种弱点。苹果公司风光不再，甚至可以说陷入了困境。

1993年，吉尔·阿梅里奥接任苹果公司CEO的时候，苹果公司在银行里的存款只能维持3个月的经营。吉尔推出了一揽子重整计划，但也不能马上奏效。到了1996年，苹果公司已经濒临破产。

甲骨文CEO拉里埃里森曾散布消息表示，要做一名“野蛮人”，通过财务杠杆收购苹果公司。

恰在此时，乔布斯表示考虑重回苹果公司。在当时，已形同惊弓之鸟的苹果公司董事会认为乔布斯这次回归只为复仇，会对这个已经摇摇欲坠的苹果公司落井下石。

苹果公司一位董事向乔布斯写了一封电子邮件，请求他不要回到苹果公司，请求乔布斯找点儿别的事情去做，“不要回到苹果，你会毁了它”。

乔布斯很快回了信。他解释了他打算怎样挽救苹果公司。乔布斯对自己的药方其实也没有太大把握，他说：“可能你是对的，但是如果我成功挽救苹果，请别忘了对着镜子，替我管你自己叫浑蛋。”

乔布斯能有机会回苹果二次创业，并不是董事会对他有多大信心，完全是出于一种“死马当活马医”的心态。

1996年，苹果公司收购了不赚钱的NeXT，相当于将乔布斯“买”了回来。

乔布斯拒绝出任董事长或CEO，而是以“顾问”身份回归苹果。他明白，不能为公司赚钱，要一个CEO或董事长的头衔毫无意义。

乔布斯刚上任时，苹果公司当年的亏损高达10亿美元。由于采用乔布斯的打法，一年后，这家风雨飘摇的公司终于实现盈利3.09亿美元。

做出成绩，才是领导力合法性的基础。

1997年，乔布斯正式获得苹果公司的领导权。他改组了董事会，并与宿敌微软公司握手言和，接受了微软一些投资，并达成战略性的全面交叉授权协议。

乔布斯也反思到苹果封闭式系统的弊端。在硬件上，乔布斯克制了自己的控制欲，开始在苹果电脑中采用英特尔的通用处理器。这让苹果产品的成本大大降低。此外，由于苹果操作系统的封闭，无法为用户提供丰富的应用软件。乔布斯开始借鉴微软的成功经验，将苹果的操作系统也向外开放。如此一来，苹果公司赢得了更多用户和工程师的青睐。走向开放，让苹果的发展之路变得顺利很多。

1997年年底，乔布斯被评为“最成功的管理者”。甚至连乔布斯的死对头斯卡利也情不自禁地赞叹乔布斯：“干得绝对出色。苹果又开始回到了正轨。”

2000年，苹果公司在开放之路上更进一步，推出了 iTunes 软件。与更多的公司分享这一平台，这是2001年发布的 iPod 能够成功的一大前提。

2002年，iPod 的销售额已达10亿美元。随着想法的成熟，乔布斯开始想要出一款名为 iPad 的平板电脑，但 iPhone 在 iPad 之前推出了。

2007年，苹果公司推出的 iPhone 手机，彻底颠覆了手机行业。

领导力的本质

什么是领导力?

市面上关于领导力的图书有几千种，仿佛人人都能说出个一二三来。

我研究了一下，大多是一种“幸存者偏误”。就算是管理学大宗师彼得·德鲁克，也对“领导力”这个概念闪烁其词、前后矛盾。但话说回来，这不正是领导力这个话题的魅力所在吗?

1. 领导力来自能成事的洞见

彼得·德鲁克早年曾认为：“领导者的唯一定义就是其后面有追随者。一些人是思想家，一些人是预言家，这些人都很重要，而且也急需，但是，没有追随者，就不会有领导者。”

尽管这被当作金句传来传去，其实这是一句废话。

史玉柱在最惨时，失去了一切，甚至所有队伍。然而，凭着对营销的认知和理解、凭着对商业的洞见，只要他活着，随时可翻身。靠一个脑白金，他重新崛起了。绝境当中，他其实仍拥有领导力，即便此前的队伍全部散尽。

所以，归根结底，仍可以用德鲁克的金句做总结：企业唯一的任务就是营销和创新。

对于领导者来说，仅仅靠个人魅力是不够的。或者说，个人魅力仅仅是领导力最基础的层次。

我们见过太多个人魅力非凡的带头大哥，某天头脑一热，弟兄们纷纷凑钱入伙，折腾一段时间之后，不仅赔光了钱，连兄弟情也输掉了。

德鲁克后来推翻了自己说过的话。他认为，领导力不是“磁性人格”，那只是一种油腔滑调的说法。领导力是将一个人的视野提升到更高的层次，将一个人的绩效提升到更高的水准，塑造一个超越常规局限的格局。

日本一些企业开会，会把雇员的家人也叫来，比如他们的父母、妻子。这可以收到让领导者警醒的作用，这么多人跟着你混，为的是什么？那么多人的饭碗，都在你的手里。

人们常说，管理是“正确地做事”，而领导是“做正确的事”。

“正确地做事”往往有很多现成的know-how可以参考。

“做正确的事”则不然，他考验一个人的洞见，需要的是更高层次的多元素质。

领导者不仅仅要能聚人，最终还要能“赌愿景，结硬寨，打硬仗”。

如果只为享受领导位置所带来的虚荣与享受，不能带领弟兄们（追随者）成事，这种领导终究会成为遭埋怨的误导。

2. 领导力是一种天赋，更是一种修炼

德鲁克曾写道：“领导力既无法教，也无法学。”

在某些情况下，德鲁克的这个观察是有一定道理的。

前段时间，曾有国内学者统计银行行长的面相，并与领导才能相对照，遭到了群嘲。其实，国外早有类似课题的研究。一个简单的道理，大部分的领导者都有身高优势。当然，个子比较矮的伟人也很多，但所占比例甚少。即使在原始部落，也是那些更具有雄性特征的男性占据领导地位。就算不谈这些外表的东西，人与人之间还存在智力的高下，从这个角度讲，几万年来，领导力都是一种天赋。

当然，这种基于外貌的“天然领导力”，有时也会发生逆转。研究发现，在面对外敌入侵的竞争环境中，人们更信赖具有雄性特征的人作为领导者；但在和平时期，需要处理内部矛盾时，人们更信赖具有雌性特征的人作为领导者。

再从性格上讲，一个进取型的人明显要比回避型和依赖型的人适合领导工作。

我们处在一个“后工业化”的时代，不再是靠比拼肌肉和勇气生存的时代。以至于很多人都惊呼，我们进入了一个“她时代”。

可见，所谓“天生领导力”并不可靠，在一定条件下还可能转化为劣势。

所以，后来德鲁克又承认，领导力是可以学习的。1996年，他彻底改变了自己的看法，在《未来的领导者》一书的序言中写道：“必须学习领导力，而且领导力也是可以学会的。”

我们不能总靠本能行事，我们要用理性来指导行为。从这个意义上讲，天然的、未经雕琢的领导力，只是一种肤浅的领导力。领导力是完全可以修炼的。

领导力是淘汰出来的

如果将领导力仅仅理解为权力和发号施令，那这种领导力就是一种空心的领导力。

对于这种领导力，管理学家亨利·明茨伯格批评道：现在企业的“领导力”不是太少，而是太多，以致没人去做真正的管理了。

“猛将必发于卒伍，宰相必取于州郡”是华为公司任正非先生的座右铭。他认为，干部不是靠“培养”出来的，是“淘汰”和“选拔”出来的。

一个人能不能做领导，只有一个“轴心”，那就是能否成事。任正非要求，华为公司的干部一定要先看有没有成功的实践经验。交给你一件小事，你能做成，说明你具备小团队的领导者的潜质。那就再给你一件中型的任务，如果你又做成了，说明你具备中型团队领导者的潜质。以此类推。

尽管任正非不过问具体的干部选拔问题，但有一个原则必须遵守，那就是必须有相应的成功经验。这是一个轴心原则。

是不是千里马，要由实践说了算。选拔干部必须在曾经做出成绩的人里面选。具体任命谁做干部，还要考察其他条件，比如“德行”、性格。首先要能做成事，这是一个轴心。

脱离实务工作谈领导力，不过是虚幻的自欺欺人罢了。

我们推崇乔布斯，无非是因为他重新回到苹果公司以后，取得了业务上的巨大成功，这掩盖了他在管理工作中的瑕疵。

今天，世人推崇乔布斯，如商业之神般膜拜。假如重返苹果公司的乔布斯复兴计划失败了，恐怕人们早已将其遗忘，就像遗忘了一个陈旧的笑话一样。

坊间关于“领导力法则”的书可谓汗牛充栋，鉴别真伪的一个标尺，就是有没有以“成事”为轴心。一切不以结果为导向的领导力法则，都是领导者的鸦片，就算烧掉也没什么可惜的。

第3章

愿景法则

造船之前，先唤起人们对大海的渴望

有人认为，愿景、使命、价值观都是真实而崇高的事情，也有人视之为虚无缥缈的东西。阿里巴巴创始人马云采取的是不争论的实用主义策略，据说他曾私下向追随者提出一个概念，叫“借假修真”。也就是说，愿景、使命、价值观，甚至经营战略、管理制度，都是有待实践验证的，但它们是实现目标不可或缺的路线图。

家臣的时代已经远逝，随之而来的是一个游士、创业家和机器人杂处的世界。

市场经济中，那些聪明的头脑，好比古代靠知识吃饭的“游士”，他们并不永远效忠于特定的诸侯，而是周游于各个“集团”之间，主公失势，就改换门庭。

当忠心已不再是至高荣耀，为什么有些领导者仍然拥有不离不弃的追随者?

在更高的薪酬的诱惑之下，甚至在陷入困境的情况下，为什么某些领导者依然有一批“死忠”追随者?

如果说领导者是一个组织的“凝结核”，那么愿景就是凝聚一个组织的“魂魄”。

愿景的四重含义

愿景（Vison）这个概念玄之又玄，其实《英汉词典》基本已将其含义概括，Vison 的含义有：视力、梦幻、想象、视野、神示、异象。我将个人的理解来阐述一下。

1. 愿景是对本质的画面呈现

愿景就是阐释未来。

愿景不是空洞、高调的口号，而是具体、清晰的“画面”。

很多了不起的愿景，都是具体可见的。比如福特的愿景是造出人人买得起的汽车，微软公司早期的愿景是“让每家每户每个办公桌上都有一台电脑”。

特别是创业者，要把你的合理想象，给你的受众以视觉般的传达。让你对行业本质的洞见，给予画面感的呈现。

余建军是喜马拉雅 FM 的创始人，为了说服投资者，为了让这个平台为人所知，他需要不断抛头露面，来阐释他的愿景。

某次演讲，余建军穿了一件文化衫，上面写了两个字：孤独。

创业者注定是孤独的。

人们喜欢用“红海”指代现存的行业和市场，用“蓝海”指代当今还不存在的产业，这就是未知的市场空间。

当创业者以敏锐的洞察力发现一片“蓝海”的时候，愿意追随的人并不多。

话说回来，如果一个项目、计划人人叫好，那还叫“蓝海”吗？

这个时候，质疑者有之，嘲笑者有之，甚至谩骂者也不乏其人。说服、打动人们成为追随者的难度，并不亚于煮一锅镯子汤。

余建军坚信一点：移动音频节目具有陪伴功能，比如开车、做家务、闭目养神的时候，都可以收听。这种接收信息的形式具有无可替代的优势，可以帮助人们充分利用好每天的碎片时间。未来会出现一个音频APP巨头，其规模能够比肩优酷、爱奇艺。然而，当时几乎没哪个投资人相信他，都劝他："别做梦了，你看收音机市场是电视的几分之一？"

余建军怎么阐释喜马拉雅的愿景呢？一句话解释就是"声音的百货商店"，当面对投资人，他会解释成"声音的淘宝"。

你知道喜马拉雅后为什么要加个"FM"吗？FM是调频收音机的意思，名字用"FM"也并不是要去对标电台，余建军内心还是挺抗拒这个小尾巴的。然而，不加"FM"的话，又要重新去教育新用户来了解这个产品。

所有这一切都遵循一条原理：愿景的画面感的呈现。虽然不一定准确，但能让受众"秒懂"。

2. 愿景就是造梦

大约60年前，初出茅庐的古龙写过一部武侠小说《孤星传》。

书中有位游侠名叫欧阳仇，十五岁时已经名满江湖。由于他精灵跳脱，机智过人，所以人称七巧童子。

这天，七巧童子化名吴鸣世（无名氏的谐音），在街头请求一位厨娘借给他炊具用用，以便他煮一锅"镯子汤"喝。

"镯子汤？"厨娘说，"我倒想看看你怎样用镯子做成汤。"她答应了。

于是吴鸣世摘下腕上的铜镯子，洗净后放在锅里。在街头用三块石头支起锅，又捡来一些树枝生火，开始煮汤。

慢慢地，一些街上的人围上来，好奇地看他怎么煮镯子汤。

当水沸腾后，他用勺子轻轻搅了一下镯子汤，尝了尝。他说，味道果然鲜美，可惜我没有带盐。

一位围观的少女给了他一些盐。

吴鸣世又尝了尝，说要是有点儿姜就更好喝了，恰好旁边有位卖菜的大叔，送给了他一块姜。

他把姜洗好放进锅里后，人们似乎真的闻见了汤的香味。这时，一位屠夫要收摊了，就把碎肉骨头送给了他。

一些围观者纷纷锦上添花，把自己的葱、花椒、豆腐……也贡献了出来。吴鸣世把菜和佐料按照一定顺序投入锅中。

终于，一锅香喷喷、营养丰富的汤煮好了。

这位游侠把美味的汤分给了做出贡献的每一个人，大家一起分享了一顿美餐。

吴鸣世把镯子捞出，戴上手腕继续赶路了。

从那天起，到游侠离开了很久很久以后，这条街上的人们仍念念不忘那顿有生以来最奇异的镯子汤。

试想，如果吴鸣世一开始就对陌生人说“行行好，请给我一锅肉汤吧”，该会有什么结果呢？

或许有人会说，这一段是古龙从《伊索寓言》里抄的。是的，聪明如古龙为什么偏偏向这一则寓言致敬呢？

正是因为，这一则寓言所蕴含的大智慧，也就是所谓的“借假修真”。

愿景（Vison）这东西，像极了爱情。大家都认为它是存在的，但往往又说不清它到底是什么。

梦幻，这也是愿景和爱情最相似的地方，那就是对未来的憧憬和规划。就像两个人经过恋爱阶段一起憧憬美好未来，再步入婚姻的殿堂。这个时候的Vison，更像接近“梦幻”这个概念。

可以说，卓越领导者往往是一名造梦师——通过愿景为大家造梦，通过煮一锅镯子汤，让美梦成真。

3. 愿景就是视野、高度、格局

鱼缸太小的话，里面的鱼就难以长大。你在一个碗里面养锦鲤，这条鱼无论如何也长不大。

愿景的大小，也会成为决定企业发展的无形壁垒。

1937年，理查德·麦当劳和莫里斯·麦当劳，来到美国加州寻找机会。他们是犹太人，自幼就受到商业文化的熏陶，相当有生意头脑。兄弟二人开过电影院，最终却选择了经营汽车餐厅。

兄弟二人在经营中发现，他们绝大部分的收入来自汉堡包，而不是排骨之类的食品。麦氏兄弟是优秀的产品经理，他们慢慢把主要精力用在生产、销售一种定价15美分的汉堡包上 。

1943年，随着生意越来越火，麦氏兄弟对经营模式进行了一场重大改良。他们率先采用一次性纸餐具以及自助式用餐，这样虽然增加了餐具的成本，却极大提高了服务效率，也减少了服务员的工作量。麦氏兄弟发明的快餐店经营模式大获成功。接着，麦当劳兄弟开始建立了连锁店，并亲自设计了金色的双拱门的招牌。

1952年7月，美国有一家餐饮业杂志，以封面故事形式推介了麦氏兄弟创造的这种快餐店经营模式。

1954年，麦当劳汉堡连锁餐厅的规模已达10家，年营收达20万美元。很可惜，麦老大和麦老二都没有看到自己的发明具有极大的潜力。

某天，一位名叫克罗克的奶昔机代理商，发现麦氏兄弟一下子就订购了8台奶昔机。须知，当时快餐连锁店非常罕见，能一次订8台机器绝对属于大客户了。为了能长期稳住这个重要客户，克罗克决定亲自拜访麦氏兄弟。

麦当劳的这家餐厅，外表上与普通餐厅并无太大区别。但是，麦当劳的畅销程度却远远超出克罗克的预期。其时正是中午，这间汽车餐厅足有150人在排队。由于采用了即抛型餐具和自助式服务流程，麦当劳的服务员在十五秒内就能把客人点的套餐交付给客人。这种极速餐饮服务模式，让克罗克大开眼界。

克罗克统计了一下，在整个加州，一共有10家麦当劳分店。当时他注意力的焦点，集中在如何卖掉更多的奶昔机。克罗克心想，如果每家麦当劳开更多的连锁店，那么他的奶昔机就能卖出更多了。

于是，他就游说麦氏兄弟多开几家分店，可是麦老大却不以为然。他指着附近的一个山坡上的别墅说："那就是我的家，开太多的连锁店，我们还有空回家吗？"

机会就这么从天上掉下来了。克罗克意识到，与自己相比，麦氏兄弟的眼界、格局都极其有限。克罗克是走南闯北多年的老江湖，他看准麦当劳的模式一定可以大规模复制。

第二天，他就与麦氏兄弟进行协商，麦氏兄弟很快就和他草签了一个协议，授予他在全国各地开连锁分店的经销权。

1955年3月，在克罗克的一番运作之下，麦当劳连锁公司成立了。随着克罗克投入得越来越多，他意识到当初的协议漏洞太多。

1961年年初，克罗克和麦氏兄弟就开始协商转让麦当劳权利之事。但麦氏兄弟开出了一个天价：低于270万美元不卖！其中兄弟俩每人100万美元，另外70万是用来缴税的，并且一定要全部是现钞。

克罗克觉得自己的心脏在颤抖，这简直是敲诈！然而，考虑再三，权衡利弊，又觉得麦氏兄弟的开价是合理的。克罗克最终答应了麦氏兄弟的条件。克罗克和他的财务总监，倾尽全力，融资270万美元，买下了麦当劳餐馆的名号、商标、是否有意义版权以及烹饪配方。

麦氏兄弟是麦当劳的创业者，但显然视野、高度、格局都不大。克罗克事后说："他们比我年轻，可他们都歇手不干了。而我可不能抛锚。"真可谓"老骥伏枥，志在千里；烈士暮年，壮心不已"。

愿景，可以说就是领导者的愿力，是内心真诚的宏愿。孙正义1981年创办软银，站在苹果纸箱上，说出5年营业额达到100亿日元的想法时，吓跑了仅有的两名员工。然而，到了1982年，软银的营业额已达20亿；1983年的营业额是45亿，目标的实现日益清晰。

从某种程度上讲，我们每个人都是井底之蛙。然而，区别在于，我们的观天之井的直径千差万别。同是在井底觅食，有些人乐在其中不能自拔，还自诩务实。有些人虽未登临，却能神游八荒、鸟瞰红尘。

4. 愿景就是感召一群人，去做一些事

人在本质上是一种追求信仰的动物，能意识到这一点乃是我们的骄傲。

《人类简史》这本书最具价值的地方在于，它证实了人是可以“务虚”的物种。

智人是地球上唯一能大规模协作的物种。

鬣狗、狼什么的也能成群结队，但数目总有上限，到了一定数目就开始闹分裂。

人类学家研究发现，原始部落的人数一般不会超过150人。一旦超过这个数字，沟通就会发生混乱，内讧就要发生。

赫拉利在《人类简史》中提及，直到人类出现了宗教信仰，才拓展出了更大规模的合作。

连狼都会团结成群，说“我们去森林里围捕兔子吧”。但这只是一种小范围的简单协作。

在地球上，只有智人能发明出“共同想象”这东西，说“我们去森林找精灵吧”。

精灵也许没找到，但因为大家有了“共同想象”，结果部落与部落之间有了共同的愿景，可以搁置分歧，可以进行更大范围协作。

愿景是什么？愿景就是唤起大家做成事的渴望。

如果你想造一艘船，首先要做的不是去雇人收集木头，或者教给他们造船的知识，而是唤起他们对辽阔大海的渴望。

我们做的重要的事情，都离不开愿景。

卓越领导者至少有三个职能：人才连接器、授权者和愿景规划师。

能否规划一个清晰的共同愿景，是平庸领导和卓越领导的分野。卓越的领导者，总是具有清晰的愿景，并能够激励他人实现愿景。

同样是做反贼，愿景已经决定了终局。梁山上王伦的愿景就是抢人财货，做个山大王；晁盖气魄宏大，但也不过是“论秤分金银，异样穿绸锦。成瓮喝酒，大块吃肉”的江湖豪客。宋江的愿景比晁盖大一些：替天行道受招安，封妻荫子美名传。

但“招安”也不是一个好愿景，所以宋江每提及招安，李逵等人都要抗议：“招个鸟安。”

一部《水浒传》好就好在投降，梁山败就败在愿景。

李闯王应者云集，其愿景是均田免粮——人人都有一块差不多大小的土地，且不用缴粮租。但李自成后来越来越偏离这个愿景。

愿景就是“与有荣焉”的那个盛景，众望所归，才能全力以赴。

虚实之间，藏着最强的力量

毋庸讳言，管理学就是“琢磨人”的学问。

我们不妨琢磨一下自己，然后推己及人。

比如写一本书，如果只是为了码字换钱，会写得非常辛苦。就好比我们小时候写作业，潜意识里其实是非常抵触的。因为人本质上是好逸恶劳的，追求快乐才是健康的天性。但是，换个想法，这是要写一本对读者有价值、有一定深度、可以传世的作品，作者就会充满表达欲，这个工作立刻就变得有意义了，工作就会有创作者的喜悦。

军事家在发动战争之前，往往会亲自审定檄文。为什么？因为战争的意义，紧盯着士气，关乎士兵的战斗力。

这就是“务虚”的意义。

就算在自然界，“虚”也是一种伟大的存在。数学家莱布尼茨说：虚数是神灵遁迹的精微而奇异的隐避所，它大概是存在和虚妄两界中的两栖物。

虚实之间，往往隐藏着最强的能量。

务虚是相对务实而言的，是就愿景、使命这些概念而言的。

生命的形式就像复数，是虚与实的综合体。

一个人只要还有呼吸，就会追求意义；只要追求意义，“务虚”就是必要且非常重要的。

1. 社畜文化与高科技奴隶制

曾经以加班文化为荣的日本，诞生了一种“社畜”文化。社就是公司的意思，畜就是牲口，社畜就是指被公司当作牲口一样压榨的员工。雇员以社畜自嘲，也隐含着他对这份工作的厌恶。

“知识工人”的潜力远远没有发挥出来，这是绝大部分老板都心知肚明的。不是不愿意开发这些潜力，而是害怕对应的风险。

亨利·福特有句名言：我宁可牺牲50%的效率，来换取100%的忠诚。

这就道出了福特制的本质：我可以给你高薪，但我依然不信任你。

传统经济学和古典管理学有一个共同的假设，那就是人是好逸恶劳又贪婪的“经济人”，人必须用强制办法让他为组织目标而努力，同时金钱是最直接的激励办法。以泰罗制为代表的管理学，被称为X理论。

工厂的管理逻辑，起源于监狱和奴隶制，而白领们的格子间又脱胎于工厂流水线生产。

自古以来，都是“劳心者治人，劳力者治于人”。读书人在中国古代被称为“士”，位居“士农工商”之首。到了现代，已经不再有这种崇高地位。这是一个全球性的现象。

20世纪70年代，美国的白领工人数量首次超过了蓝领。脑力劳动不再稀罕，知识工作者不再金贵，独立的办公室已经不再现实。美国学者尼基尔·萨瓦尔在《隔间：办公室进化史》一书中指出，写字楼里面的白领，依然承担着类似于流水线上的工作，工厂的管理学被原封不动地搬到了写字楼中。按照这个逻辑推演，所谓的白领，不过是在管理者监视下高效流水线上的“PPT纺织工人”。

科学管理从出世那天起，就饱受批评，它的批判者们认为，这种管理理论，与奴隶制所展现的特性没什么两样。

任何一个思维正常的人都知道，长期加班不利于员工健康，不利于创造性思考。

那为什么很多企业还要强调加班文化呢？所以，即使在某些“大厂”，“996”也成为一种潜规则。这很可能是写字楼的“福特制”。

在“低信任体制”的管理逻辑下，出于对人性的不信任，个别企业会把加班作为控制“PPT纺织工人”“码农”的一种手段。那些自由时间被长期挤占的后果，就是知识工人失去自我学习、充电的机会，失去了跳槽、议价的能力。雇员对这份工作只能更加依赖。

可以说，马克思诚不我欺，资本主义剥削和人身控制的秘密，就隐藏在“管理学”的诸多理论背后。

如何激发员工的内驱力和工作热情，是摆在数字经济时代管理者面前的重要课题。如何从传统的控制转变到激励，激发人的生产积极性，而不是强制“996”，这是本书所要探讨的。

2. 智力密集型企业该如何用人

人类从工业时代进入信息时代，企业竞争也从劳动密集型进入智力密集型。

然而，泰罗的幽灵仍在游荡。某些流行的管理理念不过是一种“后泰罗制”。

凯文·凯利在《失控》一书中写道：“钟表般的精确逻辑——也即机械的逻辑——只能用来建造简单的装置。要知道，任何真正复杂的系统，比如细胞、草原、经济体或者大脑（不论是自然的还是人工的）都需要一种地道的非技术逻辑。”

当然，雇员因房贷、车贷而不得不拼命干活，他会自觉沦为财务的“奴隶”。奴隶是没资格问询工作的意义的。这个时候，后泰罗式管理依然有效。

“低信任体制”下，所谓的“科学管理”，不过是“科学监视”罢了。

很多公司会使用打卡机或一些监控地理位置的 APP 程序，来防止员工偷懒，一些白领反映，这“仿佛退回了奴隶制”。

然而，只要稍微需要一点儿创造性的工种，继续沿用泰罗的“科学管理”理念都是弊病丛生的。

现在流行一个概念叫“匠人精神”，这是在大工业化生产之前，自然存在的一种精神。匠人精神的关键在于“人”，人才会追寻意义，才会追求成就，精益求精。如果不把人视为人，又谈何“匠人”？更不要说匠人精神了。

德鲁克认为，“知识工人”首先关心的问题是这件事情有没有意义，值不值得做。而一旦他们认为这件事情不值得做，其工作成效必然大打折扣。

心理学家马斯洛说：“不值得做的事情就不值得做好。”如此一来，雇员便只想尽快敷衍了事，交差完事儿。

提高智力工作者的生产率，让聪明的头脑发挥作用，很多地方需要和泰罗制反着来。

首先，就是理解自己的任务。工业时代，只需要按照操作手册细则做事就可以成为一名高效的工人。进入知识经济时代，任务的呈现不再清晰。比如写这样一本非虚构作品，它的产生过程有点儿像“炼丹”。作者本人也不太清楚最终会以什么样的内容呈现给读者，这就需要靠自己领悟自己的“任务”才能胜任。而那些靠操作手册就能做好的工作，将会渐次被机器人替代，并且做得更好。

其次，要赋予他们使命感，在使命的感召下，让他们进行自我管理，自我提升。

最后，我们不能仅仅以“量”来评估他们的工作和成绩，“质”与“量”至少要提高到同等地位。

科学管理与人文管理的交叉口

乔布斯在弥留之际的一段采访，谈了他对务实与务虚的参悟。我觉得很有必要将其精华进行编译。

宝丽来的埃德温·兰德曾谈到“人文与科学的交集”，这也是乔布斯所推崇的。

人类是一种社会动物。我们所做的每一件事，都离不开其他人类成员的贡献。我们打字用的电脑、看的书、吃的食物、使用的文字，都是其他创造者的发明。

乔布斯认为，自己的动力之源，在于回馈社会，想在人类文明史上添上自己一笔。这就是我们后面要讲的“使命感”——一种利他的精神。

乔布斯说：“如果你对生产伟大的产品有极大的激情，它会推着你去追求一体化，去把你的硬件、软件以及内容管理都整合在一起。”

因为意义，所以热爱。

因为热爱，所以卓越。

这就是乔布斯所领导的苹果公司的核心精神。

然而，还有一个悖论，我们每一个人，本性上都是追求快乐、安逸的。

“高信任体制”下，也容易滋生很多问题。如果没有乔布斯的“现实扭曲力场”，仅仅靠务虚，苹果公司早就垮了。

如何把人当成人，而不是机器；如何给人充分的尊重，又提出适度的挑战；如何释放员工的创造性和积极性；如何把工作变成一件快乐而有意义的事情，正是这本书所要探讨的。

当我们寻找到科学管理与人文管理的交叉点，即使在“隔间农田”，一样可以过着田园牧歌般的生活。

同甘共苦，达成愿景共识

史蒂夫·乔布斯对“愿景”这个概念极度重视，他在招聘员工时要确保员工与公司的愿景达成共识，而且会让公司其他领导者也参与公司愿景阐述的环节。这样做的目的在于雇员清楚地理解公司的愿景，并由此激发工作热情。

如何才能达成愿景共识？这可不是高调的口号，还需要融入日常同甘共苦的行为中。

1.“团建”就是请客吃饭

我们的祖先，一群原始人，他们的生存环境极其险恶，他们是怎样密切合作战胜困难的？

原始人最常见的“团建”行为，就是一群人围在一起吃东西，一起分享打来的猎物。聚餐是一种分享、一种沟通手段，在我们的内心深处，对这种吃饭形式，其实有一种本能的依恋。

在古老的部落中，最基本的“团建”就是大家围在一起吃饭。得不到下属鼎力相助的领导者，是没有领导力的，所以，请客吃饭是个非常有效的团建行为。

远古时期，领导者和追随者总是在一起吃饭，并以此巩固领导力。直到近代，欧洲的日耳曼部落仍保留有这个习俗，那些能够真正卖命打仗的亲兵，被称为“灶台军”。1815年夏季，拿破仑在滑铁卢遭遇惨败，他在总结失败教训时居然这样感叹：“好久没有和士兵一起喝汤了！”

吃饭貌似是一件普通的事，其实是一件很重要的大事。民以食为天，并非夸张。在朝鲜战争中，美国的第8集团军被中国人民志愿军打得失魂落魄。

美军派来收拾残局的是李奇微将军，他正是先从食堂开始重整士气的。当李奇微看到食堂餐桌上居然拿床单做桌布，盛饭的餐具用的是朝鲜瓦罐，他不禁暴怒：“为什么我们的司令部变成了狗窝，为什么军官就像丧家之犬？连餐具和床上用品都分不清了吗？你们已经丧失了军人的自尊和荣誉感，还能指望士兵保持信心和斗志吗？”李奇微重整士气，就从吃上开始。

华为的任正非先生很欣赏李奇微，任正非以身作则，把这个“一起吃饭”理念发展为一种企业文化，就是公司聚餐吃饭必是领导掏钱埋单。

华为创业之初，有时连员工工资都发不下来，员工拿到手的工资经常是白条，但在吃的方面却出奇地重视，不但要吃饱，还要吃好。在网上流传着一些任正非在食堂与员工一起进餐的照片。华为甚至把一起吃饭上升到制度的层面：公司提倡“吃文化”，鼓励同事之间一起吃饭，在饭桌上沟通思想、讨论工作。如果是上下级一起吃饭，必须上级埋单，一起聚餐谁职务高谁埋单。

乔布斯对公司食堂也很重视。乔布斯认为，员工会出去吃饭，一走就是一个半小时，甚至两个小时。工作的时间就相应减少了。而且，当他们在外面的餐馆吃饭的时候，如果一起讨论工作项目，可能会被别人听见，不利于保密工作。

乔布斯就向一位大厨朋友求助。这位大厨说他想要木烧比萨烤箱。乔布斯说：就这么定了。所以，公司食堂一直是苹果自己在运营。

乔布斯平时就在苹果公司的食堂里吃饭。工程师加班工作到很晚，食堂依然会开着。食堂里还有素食和更多选择。在公司食堂里永远有新鲜的寿司和昂贵的 Smartwater 矿泉水。用更好的食物不但可以增加员工的满意度，还可以增加工作交流的机会。

如果你想要提升领导力，一个最简单的方法，就是不要独自一人用餐。你想和谁合作，就要创造与他在一起聚餐的时机，创造乐于分享、沟通的氛围。若干年后，与你合作过的人，会怀念这段同甘共苦的时光。

2. 同赴挑战是团队最大的凝聚力

德鲁克认为：领导力是将人类的愿景提升到更高的境界，将人类的业绩提升到更高的标准，使人类能够超越正常的个性局限。

人类学家西亚加拉塔斯曾对毛里求斯某教派教徒的两种仪式进行了研究。这两种仪式是在同一个节日举行的。

在“低折磨度”的仪式中，教徒们会在一座寺庙内外进行几个小时的祈祷和吟诵。

而在“高折磨度”的仪式中，教徒们则会用近乎自虐的手段表达虔诚，比如用几根针和签子在身上穿孔，抬着沉重的竹架，或是用钩子将拖车穿在皮肤上拖拽4个多小时，然后再赤脚爬到山上的神庙中。

活动之后，西亚加拉塔斯和他的团队给参与高低折磨度仪式的教徒们每人相当于当地两天工资的报酬，让他们填写一份调查问卷。

拿到这笔钱之后，教徒们可以自由选择匿名为寺院捐多少钱。

> 参加了低折磨度仪式的教徒平均每人捐献了所得报酬的40%。
>
> 参加了高折磨度仪式的教徒则慷慨得多，平均每人捐献了所得报酬的70%。
>
> 而那些“高折磨度仪式的旁观者”，也就是与忍受高度折磨的教徒们并肩而行，但没有亲历身体折磨的人们，每人平均捐献了所得报酬的80%。

这份调查，揭示了痛苦、挑战是如何提高了“亲近社会行为”的。也就是说，极端的仪式，尤其是对痛苦的共同体验，可以成为一种加强人的奉献精神和内部团结的社会性手段。

因此，设定合理的挑战难度，其实也是一种重要的“团建”形式。

我们的一切领导工作，都应该是围绕“成事”这个轴心转的。所以，我们要制定合理的、具有合理挑战难度的工作任务——难度不要过高，更不能过低。

第 4 章

使命法则

追随使命，而不是追随激情

使命（Mission）和愿景，犹如一枚硬币的两面。

在中文的语境中，愿景与使命常混为一谈。

“Mission”一词源自拉丁语 missionem，是动词 mittere 的过去分词的名词形式，意思是“派遣”。如果说愿景对应于战略层面，使命则对应于执行层面。愿景的实现，离不开使命的召唤。

使命在汉语中的意思是指出使的人所领受的任务、应负的责任。所以，有个成语叫“不辱使命”。如果说愿景之于企业是一座灯塔，那使命则是航船的发动机。使命，更侧重于如何唤起人们的工作热情以及协作精神。使命的一个特点，就是非物质激励，是激发人的社交认同、利他精神等高尚动机的。

愿景可以是物质的、世俗的，但使命一定是利他的、精神层面的。德鲁克把使命定义为“我们做什么、为什么这么做、我们存在的理由”。

简单而言，使命就是发掘你正在从事的事业的意义。领导者的职能是界定企业的使命，并调动资源去实现这个使命。

管理学的暗黑简史

管理学如今是一门显学。

如果时光倒退个几十年，管理学还是一种令人羞于谈论的知识。这是因为，管理学有一个暗黑的起源。

1. 基于恐惧和控制的管理学

根据法国哲学家米歇尔·福柯的研究，现代组织基本原则和管理模式，几乎都起源于监狱。

在大学的《政治经济学》教科书里，都会揭露资本主义血汗工厂的剥削制度，那就是“泰罗制”和“福特制”。在另一些大学老师编著的《管理学》教科书里，往往开篇就浓墨重彩地介绍泰勒的“科学管理”，并把泰勒尊为“科学管理之父”。

泰罗和泰勒，其实指的是同一个人，只是译法上不同罢了。

这种感情上微妙的区别，反映了一个事实，人们把企业的存在视为一种“必要之恶”。所谓“必要”，大概是说，在人工智能取代大部分人类工作之前，人类没有更好的工具来提升生产率吧。

把人当机器，把人当贼防的，并不全是“野路子管理学”。

所谓科学管理的精髓在于“任务制”，而任务制是奴隶制下组织劳动的主要手段之一。

甘特是常用管理工具甘特图（the Gantt chart）的发明者，他并不讳言“任务”一词与奴隶制的关系。

当管理学成为控制人的工具时，它就是一种无法拿到台面上的知识。

彼得·德鲁克本来是一名经济学和政治学学者，毕业后在一家投资银行工作。“二战”后，当彼得·德鲁克决定研究管理学的时候，被认为不务正业、自毁前程。

德鲁克的导师替他感到不值说：“像你这么一个聪明又有才华的年轻人，怎么能去研究这些摆不到台面的东西呢？”要知道，德鲁克是一名“学二代”，大名鼎鼎的熊彼特就是他父亲的门生。当时德鲁克已经在经济学、政治学领域崭露头角，是可以很有前途的。

这语气就像20世80年代，查良镛在中国大陆的师友听说他在写武侠小说时的心情——小查这么聪明的人怎么去写武打小说了?

塞内加说，奴隶市场上贩卖的并不是真正的奴隶，真正的奴隶是那些自愿出卖自由的人。

你可以控制奴隶，却难以控制那些聪明的头脑。

所以，近百年来，管理学一直都试图朝一个方向调整：由赤裸裸的控制雇员，逐渐转向努力激发雇员对工作的热情。

于是，使命的价值开始日益凸显。

2. 人是会追寻“意义”的灵体

人类如何使用自己的精力，从表面看是矛盾的。

正如小孩会逃避作业，同时，又会挖空心思地玩游戏。

从理性上讲，一个健康的人，本来就应该是好逸恶劳的。

然而，一个正常的人，又必定是喜欢追求自豪、迎接挑战的。

20世纪60年代，席卷美国的嬉皮士（Hippie）运动，促使乔布斯思考一个问题，那就是：同样是中产阶级出身，为什么有人宁愿当游吟诗人，也不愿意做银行家?

乔布斯得到的启示是，生活不仅是工作、家庭、财产、职业，还有更广阔的一面，就如同硬币还存在另一面。

并不是所有人都会为了钱去工作的。即使在当下的中国，同样是名校毕业，有人宁愿选择“清贵”低薪的工作，也不愿去高薪的大公司“996”。

如果不为五斗米折腰，那些更聪明的头脑会为了什么而工作呢？

为了喜悦，为了分享，为了表达，为了认同，为了探寻真相，为了和这个世界互动。

当乔布斯说服沃兹一起创办苹果公司时，并没有强调说这件事会赚钱，而是把这件事描述得像探险一样，就算失败了，也是一件值得余生回忆的有意义的事情。

一起做一些了不起的事情，这其实也是使命的最朴素阐释。乔布斯以对待雇员要求严苛而饱受争议，但他反问世人：与我一起共事的都是极其聪明的人，如果觉得自己被虐待，任何人都可以换个地方找更好的工作，为什么他们没有？因为我们做了一些很了不起的事。

3. 把员工视为机器，已是明日黄花

19世纪，所有经济学家都认为，提高生产效能的唯一途径，只能靠提高劳动强度或延长劳动时间。

到了19世纪末，工人阶级的权利意识日益觉醒，劳资关系紧张，工人的消极抗争导致消极怠工现象大量存在，生产效率极低。

美国工程师弗雷德里克·泰罗认为，企业效率低的主要原因是管理部门缺乏合理的工作定额，工人缺乏科学指导。因此，可以把机械工程学思维运用于生产管理。

泰罗通过“科学分析”人在劳动中的机械动作，研究出最经济而且生产效率最高的所谓“标准操作方法”，严格地挑选和训练工人，按照劳动特点提出对工人的要求，定出生产规程及劳动定额；实行差别工资制，不同标准使用不同工资率，达到标准者奖，未达到标准者罚，实行职能式管理，建立职能工长制，按科学管理原理指挥生产，实行“倒补原则”，将权力尽可能分散到下层管理人员，管理人员和工人分工合作。

当泰罗开始思考如何提高生产效率时，这在当时其实是一个进步。

泰罗突破了前人的思维局限：他把体力劳动作为研究和分析的对象，发现增加生产的真正潜力在于“更聪明地工作”。

1898年，泰罗在伯利恒钢铁公司将他的理论付诸实践，经过三年实验，取得了成功。

20世纪初，泰罗的这一套管理方法开始在美国以及西欧国家流行，被人称为“泰罗制”。

但泰罗制有它的时代局限性，那就是泰罗把个人视为奴隶、视为机器零件。他没有向工人请教该如何做，才能提高和改善其工作效率。他只是告诉他们应当怎样“正确地做事”。

4. 追求意义，是人性的光辉

为了提高生产效率，泰罗将工程中的标准化作为指导思想。泰罗首先根据熟练工人的每一个动作、完成每一道工序所用的时间制定出“合理的日工作量”。

然后，泰罗再让工人按照标准化的操作方法、使用标准化的工具在标准化的环境里工作，再用标准化的计件工资来衡量并结算工人的劳动成绩。

在电影《摩登时代》里，卓别林成为巨大的机器旁边的一颗“螺丝钉”。没错，他的工作正是在流水线上不断地拧螺丝，从上班直到下班，以至于但凡看到圆形的东西都条件反射地要用扳手拧上一拧。

在这部电影里，卓别林因劳动强度过大而行为失常，因误入了游行示威队伍，被当作工人运动领袖而投入监狱。

这种对效率的无限贪婪追求，其实是对人的异化。

人是万物之灵长，而不是机器。

人们常说，信仰不留真空。也就是说，人的精神总要寻找一些寄托。

一个人只要还有些许自由，他就会追问人生的意义、工作的意义。

当工作失去意义，他会在同事关系上寻找意义。如果连人际关系也失去了意义，他宁可在虚无中寻找意义。

卓越公司，总是通过使命感召一群人，去做一些事。

激情也是强大的驱动力

1954年美国行为学家詹姆斯·奥尔兹（James Olds）和彼得·米尔纳（Peter Milner）进行了一个实验，这个实验的偶然发现，足以让他们永垂青史，因为这两位发现了大脑的“奖励中枢”。

在他们之前，科学家已经发现，其实大脑本身是没有痛觉的。所以，已经有科学家成功地将细小的针状电极埋藏于实验动物脑内，并通过电脉冲刺激动物大脑，以观察电刺激对动物行为的影响。

于是，这两位科学家便把电极埋进一群小白鼠大脑的不同部位，并把它们关进一个带有开关（杠杆）的“斯金纳箱”里，想知道电流刺激会不会让它们产生厌恶感。

多数小白鼠都讨厌脑袋被插入一根针。但是，其中一只小白鼠的行为却很诡异，它不仅不讨厌电极，反而好像很享受它。这只小白鼠宁肯不吃不喝，冒着被电击痛的可能也要跳上通电网格，目的就是触压杠杆让自己的脑部受到电击。

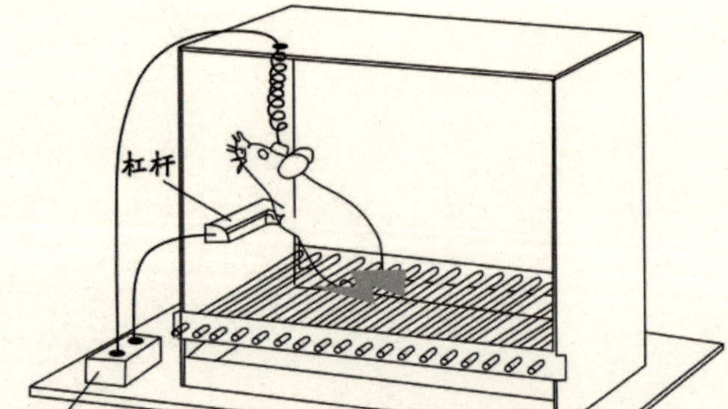

詹姆斯·奥尔兹和彼得·米尔纳的实验装置

当小白鼠学会了按压杠杆获得电刺激以后，它就不断地去按压杠杆，按压频率高达每小时 5000 次，它可连续按压 15 至 20 小时，直到精疲力竭，进入睡眠为止。

于是，两位研究者发现，在下丘脑、边缘系统及其邻近部位存在“奖励”和“惩罚”中枢，当刺激这些部位时就会产生愉快的或痛苦的感受。

研究发现，小白鼠大脑中存在一个与欲望相关的区域，叫作“伏隔核”。伏隔核被认为与对快乐的期望有关，伏隔核受到微小的刺激就会产生快感，很快，小白鼠就依赖上了这种感觉。

在此之前，人们认为只有视觉、听觉和语言这类功能才定位于脑内特定的部位，当时流行的观点认为，像快乐和痛苦这类情感则各自以脑的整体活动为特征。自此，大脑的“奖励中枢”也被发现了。

人大脑中有一种名叫多巴胺（Dopamine）的化学物质，它能让人产生最愉悦的幸福、最隐秘的渴望，以及最狂热的激情。

奥尔兹和米尔纳公布这个发现后，已经有成千上万的研究者发表了与这个主题相关的论文。这种效应是稳健有力的。其中一份研究报告显示，小白鼠差不多能连续按压杠杆20天，平均每分钟按压29次。

若干年后，更激进的研究者对人类大脑进行了类似的实验。

有一位名叫罗伯特·希思的精神病专家，在病人身上重复了这个实验。结果不出所料，被试者的反应居然和小白鼠类似，被试者像上了瘾一样电击自己，电击的频率高达每分钟40下。在整个电击过程中很多病人会由于电击使肌肉放松下来，部分病人会休克，还会体会到欲望与快感。这种场景就像电视剧《黑镜》里的暗黑科学实验一样，被试者的行为开始异化，设置切断电源后，他们还是会继续尝试按动按钮以获得快感。这些实验为电击疗法的出现铺平了道路。

希思的研究表明，在人类和动物大脑中都有主导快乐或奖励的中枢。比如，当我们做吃喝、繁殖这类有益生存的事时，大脑的奖励中枢就让我们感觉良好。

自此，“奖励回路”的概念也被提出来了。奖励回路的全称是“边缘系统多巴胺奖励回路”，是包括伏隔核、尾状核、壳核、丘脑、下丘脑、杏仁核等大脑深部核团以及内侧前额叶等部位共同组成的神经网络，其主要作用是制造大脑对奖赏的预期。

奥尔兹和米尔纳的这个发现可谓是一个福音。因为那个时候，以人为本还是一种边缘思想，人们还普遍认为人只是一种“大老鼠”而已。在此之前，主流观点认为，人的行为动机都是负面情绪驱动，比如恐惧、饥饿等。当时人们激励的手段，更侧重于鞭策和恐吓。

如果你想鼓励一个学生考上大学，就要恐吓他没学历将是多么悲惨的命运；你想激励一个人去工作，就警告他“今天工作不努力，明天努力找工作”。

小白鼠废寝忘食、不惜被电击也要迎难而上，不过是为了让自己爽一下。这个发现的伟大之处在于，它证明了“除了痛苦之外，快乐也是引发行为的动机”。

我们究竟需要什么样的奖励（激励、犒赏）？

不妨，把马斯洛的需求层次论这种经典知识翻出来。亚伯拉罕·马斯洛是一位犹太人，也是一位伟大的心理学家。

马斯洛1943年在《人类激励理论》一文中提出了需求层次论。在这篇论文中，马斯洛将人类需求像阶梯一样从低到高按层次分为五种：生理需求、安全需求、社交需求、尊重的需求和自我实现的需求。

1969年，马斯洛升级了自己的理论，给出了一个终极版的“需求层次论”。马斯洛借鉴了管理学中的X理论和Y理论，将自己多年来发展出来的需求理论进行升级整合，归纳为三个次理论，即X理论、Y理论、Z理论。

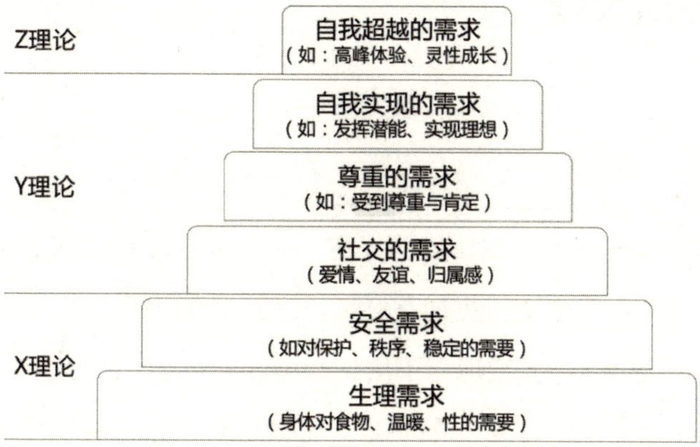

马斯洛的X理论、Y理论、Z理论

马斯洛的 Z 理论证明了人是一种灵性的物种。在 Z 理论中，马斯洛提出了超越型的自我实现，即神圣化、灵性化的体验。这被马斯洛称为“超人本心理学”。

马斯洛这个理论为他赢得了极高声望，有人说：“弗洛伊德为我们提供了心理学病态的一半，而马斯洛则将健康的那一半补充完整。”

其实，马斯洛的需求理论，对应的就是各种各样“奖励”的类别。

金钱之外的激励

我们都有过被激励、被鼓舞的经历。我们会自发地、高效地工作，因为我们发现，工作使生命变得更加有意义。这就是激励的力量。

然而，至今仍有许多管理者不擅长运用这种力量去激励员工。

领导者应具有的一个重要品质是，无论是顺境还是逆境他都应有鼓舞人们的能力与愿望。显然，当企业繁荣昌盛、利润上涨、薪金增加、奖金提高时，鼓舞他人会相对容易些。

当境况不佳时，我们又该如何激励他人呢？

再有，当员工已经精疲力竭或者感觉无聊时，以更多的报酬刺激他多做些工作并不容易。

此外，当公司在商界战场上遭遇失败时，老板也很难装出一副笑脸。然而，正是在这些不利的情况下，领导鼓舞员工的能力才会更显重要。

除了薪酬这种最基本的物质保障之外，人们潜意识中，究竟还在追求些什么呢？

1. 我们渴望别人的肯定和尊重

著名直销商玛丽·凯说："你应该看到，人人身上有一大标语牌：'让我感到重要'。"

我们做什么事几乎都是为了获得肯定：当你晋升时，象征着公司对你表现的肯定；你以大手笔来购买华屋豪车，目的也无非是让亲朋能肯定你的确是个能成事的人。许多人加入年费昂贵的俱乐部或者担任公益组织义工，也都是为了彰显他们的社会地位或是对社会的贡献。

然而，是不是一定要大费周章才能满足这种心理需求呢？答案是否定的。

有时候，一句及时的赞美就能满足一个人的荣誉感和成就感，让他意识到自己在群体中的位置和价值。

给予肯定，无疑是鼓舞士气工作中最重要的一环，因为它满足了人性的基本需求。

像吃饭、睡觉这些例行公事就只是美国心理学家马斯洛所称的“生理层面”的需求，不需要获得掌声人们也会去做。但那些具有挑战性的、枯燥的日常工作，却需要经常性的、惠而不费的鼓励。也就是说，鼓励不一定要以金钱、锦旗、奖杯、假期或是其他的实质利益来兑现，很多时候，员工们所需要的往往只是一句奖励或慰勉。

2. 工人也需要赞扬和肯定

曾有一位“70后”印刷厂老板绝望地告诉我：“现在的‘95后’真的和我们那时不一样了，我年轻时十几年如一日为老板卖力，才攒下第一桶金，创办了这个厂子。现在的‘95后’，批评两句，可能会立刻走人，甚至连工资都不要了。这还不是极个别现象，是普遍现象。”

“70后”工人的服从性、吃苦耐劳，在新一辈的工人中已经日益少见，甚至金钱的激励也会失效。

几年前，中国企业福耀集团把生产汽车玻璃的工厂开到了美国。但在文化上与当地人还是产生了一定的冲突。特别是中国工人的勤奋、服从性等方面，与美国人形成了鲜明的对比。通过任用当地高管、一对一辅导、团队建设、选拔优秀员工去上海旅游等形式，这种冲突得到了一定缓解。

东亚与北美的这种冲突、融合，其实是早就存在的。1971年，京都制陶创始人稻盛和夫收购了美国圣地亚哥一家工厂。这个工厂管理混乱，每个月都有10万到20万美元的赤字。

京都制陶挑选了50名当地员工，去东京旅行、开会。通过边玩边学的形式，强调了京都制陶的管理理念。稻盛和夫任命原主管保曼担任CEO，希望他能够领悟自己的经营哲学。

与福耀玻璃遇到的情况类似，东亚式的管理在当地水土不服，工厂每月赤字不降反升。

稻盛和夫决定完全改聘用日本管理人员，来重建这家公司。

“你们辛苦了”，第一次听到管理人员说这样的话，让美国员工大吃一惊。

这些日本来的主管，与普通员工一起工作，穿着和员工一样的制服，并且一起吃一样的工作餐。这种同甘共苦的文化让美国人深受感动，很快就产生了归属感、认同感。

是的，企业不是专门用来表达爱意的场所，但人是有社交需求的动物。所以，一些企业善于用表扬和丰富多彩的团建活动来激发员工的积极性和创造精神。

国外有一家纺织厂，为了激励员工也是创意迭出。这家工厂的老板买了一些椅子，本来是想让女工工作之余休息用的。后来，老板改变了主意，说谁能超额完成本月任务，就能分到一把椅子拿回家去。那些工作积极的工人，不但赢得了椅子，还被老板大张旗鼓地宣传，给其他工人起了示范作用。椅子并不贵，但它所代表的是一种工作被认可的激励。

福耀玻璃在美国的一些高管，对中美文化的差异有很深的理解。有一位高管讲，由于美国人特别强调夸赞，所以有时会产生一个弊端，叫“夸死人不偿命”，导致个人对自我的认知过度自信。

很多美国工人的自信心和自尊心都特别强。美国有一家发展迅速、生意兴隆的集团公司，这家公司办有一份深受员工欢迎的内刊，名叫《赞扬》，这是一份月刊，每个月都会把优秀员工的照片和事迹登在刊物上。内刊表彰过的员工，会于每年秋季一起去各大风景区参加公司的庆功会，在庆功会上会有各种抽奖、娱乐活动，宛如一场狂欢。摄影师会从头到尾摄下庆功会，在集团内部播放。

在中国，特别是“95后”一代，大多是独生子女，又深受西方文化影响，赞扬对他们的意义同样重大。让贡献者得到应有的尊重和奖励，古往今来，伟大的领导者无不善于运用这种手段激发追随者的工作热情。

除了赞扬、肯定，最重要的力量来自使命感。

使命感不是虚无缥缈的东西

使命感并不是虚妄的东西，所以也不存在所谓的“借假修真”。使命感，简单而言，就是一种利他之心，是一种融合了社交需求和自我实现需求的综合心理因素，是一种非物质的内驱力。

进化心理学或许可以对这项研究进行解释。人类作为社会动物，已经进化出了一种吸引社会性注意的行为模式。

当原始社会的部落成员在某个人身上投放了大量的注意力时，这个人在部落里的地位就会上升了。相比之下，那些被忽略的个体则拥有较低的地位。

在一个部落中，人们为什么会注意到某个人呢？是因为他能够执行让人们所看重的功能。

比如说，在一个部落中，医者会为病人看病，这是一种利他的行为，病人和病人家属也会对医者给予高度的注意。这种注意力带来的好处并不是直接的、即时性的，但就长期而言，医者在部落里的地位是不断上升的。

从这种观点看来，当我们争相为他人提供某种利益时，我们其实是可以增强自己获取社会性注意的能力。而那些没有利他行为的人，则不会吸引他人的注意，长期来说，他将错过很多资源。

史蒂夫·乔布斯曾言：“我的激情所在是打造一家可以传世的公司，这家公司里的人动力十足地创造伟大的产品。其他一切都是第二位的。”

乔布斯并不是靠金钱激励来调动人的积极性，他曾批评当时的 Mac 电脑启动速度过慢，于是他就问 Mac 电脑设计操作系统的负责人拉里：“如果能够挽救100条人命的话，你有办法将启动时间缩短10秒吗？”

为了解释这句话，乔布斯在白板上演算起来：

假设 Mac 电脑卖出500万台。

每天每台机器开机多花费10秒钟，乘以365天，大约等于3亿分钟。

而3亿分钟大约等于100个人的自然寿命。

一项看似不可能完成的任务，在乔布斯的叙述里，变成了超级英雄拯救世界的故事。

为了挖掘高效能人士的效率之源，加州大学伯克利分校的教授莫滕·汉森对5000名雇员和管理者进行了问卷调查。调查结果显示：

大约17% 的雇员在“我的工作不仅是为了赚钱，还对社会有很大的贡献”选项中勾选了“完全同意”。

这17% 的雇员，属于有着强烈使命感的人。通过调查比对发现，他们的上司对他们的工作表现也更持肯定态度。

在研究中，汉森也探讨了使命感与激情之间的区别。激情是指你对于工作所抱有的兴奋或热情，比如高额奖金的激励，能让你充满激情。

使命感，则是超越了物质激励，比如感觉到你为他人做出了贡献，或者你的工作具有重大意义。

汉森把员工分成几组。比如激情及使命感都偏低的人，在工作中的表现被评估，平均打分排在第90名（共100名）：

	高使命感	低使命感
高激情		
低激情		第90名

那些对工作提不起兴趣，又觉得工作毫无意义的人，做不好工作很正常。

反过来那些喜欢自己的工作，又觉得自己的工作有意义的人，工作中的表现会很突出，平均打分排在第20名（共100名）：

	高使命感	低使命感
高激情	第20名	
低激情		第90名

如果被测试者使命感很低，觉得自己的工作没什么意义，那么，给予他们金钱激励，能不能提高他们的工作绩效呢？

	高使命感	低使命感
高激情	第20名	第80名
低激情		第90名

在实行了物质激励政策后，这些人的表现确实有所提高，平均打分排在第80名（共100名）。这个结果颇让人感到失望，如果缺少使命感，即使在金钱刺激下工作有干劲儿、有欲望，但雇员的最终表现比那些“低使命感、低激情”的人并没有好太多。

	高使命感	低使命感
高激情	第20名	第80名
低激情	第36名	第90名

对于那些利他型、高使命感、低薪水的工作，人们的工作效果虽然不是最佳的，但也可以说相当不错了。这个可以解释为什么有些公益慈善项目，志愿者的工资并不高，但工作热情很高。

使命感是一种利他精神，是能够拿来分享的东西，足以成为一股提升团队士气的力量。

索尼创始人井深大不是靠金钱点燃员工对工作的热情的，他是靠激发员工的使命感。因此，才有了井深大那句“工作的报酬是工作”的名言。

一位索尼公司的常务董事，在深刻反思索尼的衰败时说：“如果外在的动机加强，那么自发的动机就会减弱。”

有一个广为传播的小故事，讲的是一个老叟，每个周末都要被窗外一群顽童吵到，影响休息。于是老头子对这群熊孩子说，你们这么欢实地玩耍令我心情愉快，我要奖励你们每人一毛钱。于是，孩子们闹得更欢了。第二个周末，老头子又奖励了他们每人两毛钱，孩子们继续闹腾。第三个周末，老头子说今后不再有奖励了。熊孩子们气坏了，纷纷表示再也不到这里玩了，让老头子一个人孤单寂寞冷吧。

如果总是说“你努力干活儿我就给你涨工资”，那么以工作为乐趣这种内在的驱动力就会被消解，或受到抑制。

重赏之下，必有勇夫吗?

重赏之下，必有勇夫，这是一个客观存在的事实。

1914年，福特汽车公司实行的“5美元最低工资制”，让全世界工人羡慕。

要知道，这是当时同等劳动条件下，平均工资水准的2到3倍。“每天工作8小时付5美元工资”的举措，在当时的美国工业界引起了很大的震动。然而，没几年，这种“高薪”就不能再体现资本家的良心，它所带来的激励效果也慢慢冷却。如果福特能活到今天，仍用这一套管理他的公司，那么他收获的争议会不亚于富士康。

理论上讲，只要舍得花钱，就可以调动人的积极性。所以任正非曾经说：钱给多了，不是人才也变成人才！

但金钱只是一味药，这药并非包治百病，疗效的边界非常明显。行为经济学也证明了金钱激励的局限。

行为经济学家做过一个实验，让10家幼儿园规定家长必须在下午4点前把自家孩子给接走。但是家长偶尔迟到。

几周后，校方又给出了一个制度：下午4点前没有把小孩接走的家长必须交罚款。

推出了罚款机制后，迟到的家长人数不减反增，是最初平均迟到人数的两倍多。

金钱带来的激励，往往具有时效性，人们对金钱的激励具有“抗药性”，你要不断加大“剂量”才行。并且，这种“剂量”要呈几何级增长才能带来相应的快乐。你还记得自己赚到第一笔钱时的喜悦吗？现在，假设你能赚到两倍的钱，你能收获两倍的快乐吗？

事实上，当任正非看着一群曾经奋斗的老员工拿着高薪却失去了动力时，内心想必也是很无奈的。所谓“狼性文化”啊，末位淘汰啊，不过是意在消解这种“抗药性”。

所以，就算你的公司有花不完的现金，可以做到一直快速涨工资，但金钱的激励效果仍然有达到饱和的时候。那时，“重赏之下，必有勇夫”的信条注定要遭到现实的重创。

我们再用一个案例，来论证这个结论。

你用过“知乎”吗？它是中文世界领先的问答网站，它的商业模式借鉴了美国的问答网站 Quora。

2007年，美国一家名为 Mahalo.com 的问答网站问世了。和以往的问答型网站不同的是，Mahalo 为了调动用户的积极性，推出了自己独创的金钱激励系统。

首先，在 Mahalo 网站上提问的提问者需要悬赏提问，也就是提供一笔网站内发行的虚拟币作为赏金。

接着，其他用户可就此问题发表高见，给出最佳答案可以获得这笔赏金，并可将其兑换为现金。

Mahalo 在夏威夷方言里是“感谢”的意思。网站的创始人认为，这样的奖赏模式，犹如一个经济体系，有助于激发人们的参与热情，并增强网站的黏性。

一开始，此举确实奏效，Mahalo.com 新用户呈现爆发式增长。然而好景不长，金钱激励带来的热情无法持久，所以，人们的参与热情很快就冷却了下来。

尽管用户能够从这个问答网站中获得真金白银，但是这种单纯的经济刺激手段似乎不具备持久的吸引力，除非你的奖赏能够持续不断地上升，但那最终会超出网站的承受能力。Mahalo 的增长瓶颈，让另一些智者发现了潜在的机会。

Mahalo 还存在一个认知上的错误，那就是假设提问者一定是需求方（买方），而回答者一定是供给方（卖方），人们回答问题的最大动力来自金钱。

2019年，Facebook前雇员查理·切沃和亚当·安捷罗成立了一家名为Quora的网站。这两位是做社交网站出身，深谙人的社交天性。而Quora这个词，由quorum派生而来，quorum有仲裁、会议法定人数等含义。

由此可以看出，从一开始，Quora的创始人就为它注入了社交基因。我们可以理解为，一个答案好不好，不是由提问者裁定的，而是要大家投票决定。

这两位创始人有社交网站从业经历，对社交和人性的理解更为深刻。

Quora作为一个社会化社交型问答网站，综合了粉丝功能、协作编辑、用户投票等模式，很快就获得了大众的热捧。与Mahalo最大的不同在于，Quora一开始并没有对“答主”提供基于金钱的奖励。那为什么人们仍会对Quora表现出极大的热情，甚至超过了能提供真金白银激励的Mahalo？

Mahalo的创始人显然更倾向于把人视为经济动物，“问答”视为一个供需市场，觉得给用户“答主”提供金钱奖励、真金白银的奖励，可以增强他们与网站之间关系的积极性。毕竟，谁不喜欢钱呢？

但是，Facebook的经历，让Quora的创始人对人性有了不同的理解。

纯粹从“刚需”角度讲，实质解惑型的有偿问答并不是一个“高频”的需求场景。反而那些免费的，带有互动、讨论意味的“问答”是一种高频次的需求场景。很多时候，一个好问题（话题），甚至比后面的解答更有价值。遇到一个好的话题，人们就有一种想回答的冲动。

人不仅是“经济人”，还是“社会人”。Mahalo的创始人对于人性只猜对了一半。Mahalo的创始人最终发现，人们访问Quora网站并不是为了赚取真金白银获取金钱，而是为了满足社交需求。

Mahalo模式触发的仅仅是人们内心中想要获得金钱的欲望。然而，该网站所能提供的经济激励并不足以带动人们持续的积极性，因为收入和付出并不成比例。如果在网上码字挣的钱，还不如直接去麦当劳做小时工赚得多，这种激励能留住真正的高手吗？

Quora 触发的是人们内心中一种比较好的体验，比如社交和游戏体验、众人的点赞、粉丝增加、游戏等级晋升等，这些所带给人的愉悦感，远比那点儿奖金更诱人。

Mahalo 和 Quora 两种模式，其实是以福特为代表的“经济人”假设，和以管理学家梅奥为代表的“社会人”假设的交锋。亨利 · 福特就特别提倡“理性工作人”。如果福特活到今天，他一定会对如今大行其道的所谓“团建”嗤之以鼻。在福特看来，工作就是工作，工作场所不是相互表达爱意的地方。通过专门的活动来沟通雇员之间或部门与部门之间的感情，更是不务正业。而哈佛大学的心理学家梅奥通过在工厂第一线8年的研究，直接把“经济人”假设给否定了，指出人其实是“社会人”。“派内无派，千奇百怪”，在正式组织之内，往往都存在“非正式组织”。员工之间的社交关系，有时候比公司的制度安排还管用。

我认为福特和梅奥各自说对了一部分，如何拿捏两者的分寸，就是领导艺术问题了。Mahalo 和 Quora 两种模式孰优孰劣？你只要看知乎选择模仿了谁就知道了。

但知乎最近似乎有了走回头路的趋势。自从知乎 F 轮拿了4.34亿美元融资后，仅仅靠插入硬广告盈利，已经很难满足投资方的要求。这在客观上要求知乎寻找新的盈利模式。于是，内容变现就提上了日程。所以，知乎启动了 MCN 策略，所谓 MCN，浅白地说，就是知乎这个平台和答主之间的一个内容变现的中介机构。一旦开始谈钱了，一些“头部”答主甚至要与 MCN 中介签订金钱奖励协议，原来那种为利他、社交而回答的动机难免会受到抑制。这只是我的一个预测，还需要时间来检验。

重赏之下，必有勇夫。但是，金钱的刺激作用，注定会受到报酬递减律的限制。因此，仅仅靠这一个“药方”是行不通的。

第 5 章

乐队法则

演奏乐队，还是唤醒乐队？

经济学家科斯曾问：如果市场是有效的，为什么还要有企业家？

欲成为一名真正的领导者，必须首先回答一个问题：领导者与普通人最大的不同在哪里？

不仅市场会失效，组织也会失效。所以，从某种程度上讲，领导者就如一个交响乐团的指挥，企业领导的重任，就是让各种资源实现更有效率的配置。

领导者和普通人的分野

荀子曾说："人主者，以官人为能者也；匹夫者，以自能为能者也。"

意思是说，普通人，只要他个人有点儿本事就可以称之为人才了，但对领导者不能这么评判，他只有善于管理别人才算真本事。

领导者和普通人是两种角色，有着两套截然不同的价值评估体系。

很多道理，是真正成为领导之后才能领悟的。要"进化成为新物种"，就必须经历你所未扮演过的角色。

史蒂夫·乔布斯能成为全球企业家的偶像，关键因素在于他的技术水平吗？在于他的智商吗？或者在于他的学历吗？都不是。

最关键的因素，在于他能带领一群人，激发他们的潜力，做成一些了不起的事情。

普通人的才干是以其个人能力强弱来衡量的；领导者的能力，则以他领导众人的本事来评价。

既然领导者与普通人有两套不同的价值评估体系，那么领导者和普通人也注定有两种不同的世界观和方法论。

阿南达·吉斯南是一位马来西亚大亨。世界最高的摩天大楼——吉隆坡的国家石油公司双峰塔，就是吉斯南的手笔。他说过一句很有意思的话："因为我只有一双手，而那些加入我商业队伍的人，有一双更好的手，所以我选择在一般情况下放手，重要关头才插手。"

所以，真正赢家的王牌在于领导力。也就是说，领导者个人的技能、才学，至多是一种锦上添花的事情，却不是决胜的关键，领导力才是胜负手。领导者最重要的工作，就是使人人各扬所长。

换句话说，领导者的王牌，就是把个体的智慧转化为集体的智慧。所以，领导力就是有人追随，把各股力量拧成一股绳，去实现一个共同的愿景。

如何使用你的指挥棒

人们常说："没有糟糕的乐团，只有糟糕的指挥家。"其实，成为领导者的风险与收益也是对等的。

据说，曾有人问指挥家小泽征尔："你作为指挥，并不演奏任何一件乐器，为什么乐队演奏出的作品却归你名下？"

小泽征尔回答："音乐家演奏的是乐器，而我演奏的是乐队。"

1. 演奏一支乐队

成为一名指挥家，几乎是所有独断式领导者的梦想。20世纪80年代，乔布斯已经是一名创业英雄，收获了世人的狂热崇拜。在电影《乔布斯》中，联合创始人沃兹对此颇有微词，忍不住质问乔布斯："你既不懂代码，也不是工程师，更不是设计师，可为什么我每天都要看见十多次'史蒂夫·乔布斯是个天才'？你干过什么了？"

乔布斯引用了指挥家小泽征尔的话，回答了沃兹，他说："我演奏的是乐队。"

这句台词必将成为管理学的金句，也再次印证了领导力的轴心法则。

乔布斯患胰腺癌到了弥留之际，有人问他："你一生最引以为傲的产品是哪一个？Mac 电脑，iPod 播放器，iPhone 电话？还是 iPad 平板电脑？"

乔布斯思考了一下，回答道："是苹果这家公司。"是的，乔布斯并没有发明 iPhone，但他打造了一个能够发明 iPhone 的公司。乔布斯希望苹果能成为一家"传世"的公司，一个在他死后仍能长期运转的组织。整个苹果公司就是乔布斯的一个宏大作品。而这种思维，正是演奏乐队与演奏乐器的区别。

2. 演奏乐队 VS 点燃乐队

但是，乐队就是乐队，公司就是公司。两者的区别还是蛮大的。比如，乐队有固定的曲谱，每个“靠谱”的乐师吹拉弹唱就可以了，“不靠谱”的乐师开除就可以了。

事实上，不仅小泽征尔，很多著名的指挥家都是独断专行的，比如意大利指挥大师托斯卡尼尼（Toscanini），他们这种独裁风格，能够让那些平庸的乐团在短期内快速提高演奏水平。

然而，公司经营并没有固定的“路线图”，通常是计划赶不上变化。这个时候，更需要团队随机应变，彼此协奏。

即便是在一个交响乐团，也不是所有的乐师都甘当指挥家的“人肉乐器”。专制式指挥并非唯一通途。

精确与控制，是对浪漫激情的扼杀。指挥界的另一位泰斗富特·文格勒就很鄙视专制的指挥方式，他会把乐手视为“知音”而非“人肉乐器”，他希望每个乐师都发挥自己的能动性。他对乐队，采用的是模糊而非精确的指挥方式。乐师和指挥者之间，可以建立默契，乐师之间可以彼此倾听和协奏。这种指挥家和乐团的关系，有一种“知音”式的共鸣、知遇式的激情。富特·文格勒把指挥工作上升到了一个新的境界。富特·文格勒被称为“能够点燃整个乐团、把乐手带到疯狂境界的魔术师”。

精确的控制是危险的，因为你只有一双手、两只眼。当领导者与团队建立默契，彼此能心领神会时，他就有了“千手千眼”。

3. 角色的切换

有句颇有争议的话，叫作“外行领导内行”。

外行当然可以领导内行，如果他在自己不懂的地方知道如何找到合适的人，并充分授权。

作为一名乐队指挥，至少要精通一种乐器。这是做乐队指挥的基本功。

欲成为一名领导者，注定要放弃一些微观管理，这就是代价。尤其是一些从“技术岗”转到“领导岗”者，有时忍不住“技痒”，但也要适度放弃微观管理，有所克制，甚至要“自废武功”。如果你能做到收放自如，你的专业知识并不会成为你的负资产。

伦敦商学院客座教授埃尔斯贝特·约翰逊曾说，最了不起的企业领导者能够快速从一万英尺的高空转到地面，将自己的宏观思路应用在企业的微观运营上。但更难能可贵的是，他又能快速转回高处。这是因为，从宏观领导走向微观管理，是一件极具诱惑力的事情。因此很有可能一旦你转到微观层面，就会沉溺其中，不能自拔。需要牢记的是，之所以要转向微观层面，主旨在于检验宏观思路的有效性。而这种观点，与彼得·德鲁克英雄所见略同。德鲁克认为，一个卓越的领导者，有时需要像鹰一样飞翔——高空飞行是为了统揽全局，低空飞行是为了增强击中的把握。领导力的精髓，往往就体现在这高与低之间的调节能力上。

宏观领导并不意味着对具体事务的绝对隔离，要知道，没有现实的验证，再美好的战略构想也是废纸一张。某些时刻，参与执行恰恰是宏观管理的校正仪。领导者所要做的，是抵御微观管理的诱惑，以防沉溺其中。

公司不是物的堆砌，而是人的组合

先说一个领导力的“不可能三角”，你无法让一个雇员长期同时保持高效、忠诚、低薪。

事实上，你连一条聪明、忠诚、不挑食的宠物狗都买不到，更何况是带人呢？

有一位出版社发行部主任，由于和社长关系不睦，便从某财团融了一笔钱，又从出版社挖走一批骨干，单独成立了一家股份制文化传媒公司。

这位新上任的总经理，租了一整层写字楼，旧日同事前来拜访，说：“这规模和我们出版社一样大啊。”总经理听后笑而不语。

在企业搞团建，酒酣饭饱之际，这位总经理告诉大家：“公司就好比一辆车，你们就是车轮、离合、方向盘……我的任务是把这辆车开往正确的方向。”

有人据此判断，这将是一家平庸的公司。这位总经理把公司比喻成一辆汽车，反映出他将整个公司视为一台机器，将员工视为零件，这已经是老掉牙的管理理念了。

由于没有令人振奋的远期目标，也没有高标准的产品线规划，这家公司的利润自然也无从谈起，这位总经理无法开出当初许诺的高薪。

在这种平庸的氛围下，有些员工磨洋工，有些则在上班时做自己的事情。就这样，半年多过去了，出来了一些可以用“垃圾”来形容的产品。

收入没能达到预期，雇员自然就会划掉“忠诚”或“能干”中的一项来抵消这种落差。

面对这种局面，总经理开始狠抓管理，出台各种考勤制度、绩效考评制度。

其实，每个人都清楚自己的身价。一个人能干、忠诚，又能忍受长期剥削，那是不可能的。你既给不出相应的薪水，又要求能雇员出活儿，那是不可能的。于是，各种隐藏的矛盾就开始爆发了。

成立八个月之际，公司骨干纷纷离职。留下来的，也是各怀心事，甚至发行部经理也起来造反，夺权成功。

这位被罢免的总经理，自有其过人之处，几个月后，又不知通过什么方法，把失去的总经理宝座夺了回来。

这位总经理将旧部全部开除，将公司搬迁到一间小办公室。

经过一系列的人事震荡，时间已经过去一年多了。在超市的特价书摊上，出现了这家公司的产品——基本是一些让人没有翻开欲望的书。

究其失败原因，从一个部门主管，到公司总经理，需要更高一级的领导素养。

领导者的“为”与“不为”

众所周知,《道德经》是一本教君主如何治国的书。

“道”字容易理解，大致就是自然规律和社会规律的意思，那什么是“德”呢?

甲骨文的“德”字，是一只眼睛在看木桩的影子运行。金文德字则更进一步，是一个人站在观象台中间用眼睛观看七曜（日、月，金木水火土星）的运行。

德，就是顺应规律去做事。

老子解释说：“道生之，德畜之，长之育之，亭之毒之，养之覆之。生而不有，为而不恃，长而不宰，是谓玄德。”

翻译成白话就是：道生养了万物，德统御着万物，让万物生长发育，使万物成熟结果，得到休养和庇护。道德生养了万物却不占有，给了万物一切却不索求回报，统御万物而不去主宰，这就是最博大深远的德啊。

人们常说，以德服人。

德就是让人信服、追随的力量，是领导力的根本。

道是规律，德是顺应规律。所以，道和德是一体的。不懂规律，我们就难免犯错。

人们常说，“无知是最大的邪恶”，说的就是这个意思。

匹夫可以懵懂无知，因为他犯下的错往往影响有限。但领导者则不可不明道，因为他所处的位置特殊，一旦犯错，往往会关系到很多人的饭碗。

1. 虚怀若谷，是一种柔德

智慧意味着自知无知。

承认自己的无知，是智慧的开端。

刘邦可谓一代雄主，他却说，运筹帷幄之中，决胜千里之外，我不如张良；治理国家，安抚百姓，筹集军饷、粮草，我不如萧何；纠集百万雄兵，战之必胜，攻之必克，我不如韩信。这三个家伙都是人杰，我能让他们各自发挥特长，这是我能取得天下的原因。项羽身边也有人杰，比如范增，但项羽不用他，所以项羽被我拿下了。

刘邦的虚怀若谷，正是他的领导魅力所在，这种魅力掩盖了他的寡德无才。其实，谦虚、平易近人是一种柔德。

乔布斯年轻时是缺乏谦虚这种“柔德”的，他不懂尊重人，自恋、咄咄逼人。这种人掌舵一个企业，早晚是要出大问题的。所以，董事会一致讨论决定，要把这个人逐出苹果公司。所以，乔布斯被自己创办的企业开除，一点儿都不冤。

但乔布斯是一个非常聪明的人，乔布斯迷恋东方的禅宗哲学并不是偶然的，他一生都在用东方崇尚的“柔”的哲学，来调解自己身上过于坚硬的东西。

所以苏格拉底才会说，我只知道我什么都不知道。而老子则说，江海之所以能够成为川溪的归宿，是因为处在下游的位置，所以才能够成为百谷之王。

一个人并不是处处都比别人高明而有人追随，恰恰相反，很多时候是一个人足够谦虚，才会有人追随。

当一个人的胸怀像山谷那样虚空、宽广，善于接受别人意见和观点时，他才会成为众人的枢纽。

2. 懂得隐藏才华，是一项了不起的才华

领导者要有被视为傻瓜的勇气。

庄子认为，统御力的最高境界（其德全矣）是“呆若木鸡”。

《庄子·达生》里讲了这样一个故事，因为周宣王喜好斗鸡，特召纪渻

子专门为王室训练斗鸡。十天过去了，周宣王问训练的情况。纪渻子回答说：“还不行，这鸡的气势很是傲慢，所以实际上并没有什么战斗力。”

又过了十天，周宣王再问。纪渻子说：“不行，这鸡听到声音、看到影子就会紧张，心理素质还不行。”

再过了十天，也就是一个月时，周宣王觉得应该差不多了。但纪渻子仍认为不行：“这只鸡目光如炬，盛气凌人，过于躁动。”

直到一个多月后，纪渻子才向周宣王禀报：“这只鸡已经训练成了，即使听到其他鸡鸣叫挑衅，它也不为所动，看上去傻傻的，像一只木头雕刻成的鸡。然而，它的德性能力已经具备了，别的鸡都不敢应战，只会掉头逃掉。”

正所谓“大智若愚”“大巧若拙”或“大勇若怯”。

年轻时，我们都有过一个困惑，为什么那些看上去笨拙的人会成为领导者，而那些看上去很精明的人却会被驱驰。等我们真正和这种领导接触后，会发现其确实有一种人格魅力。

马云先生喜欢对自己的形象进行蠢化。

比如，他会说自己不会收发电子邮件，甚至说自己数学考过1分。

这显然是用力过猛了，以至于有时候不得不借其他机会进行解释。但真正值得思考的一件事是：他说这种话的动机是什么呢？

对于领导者来说，过多进行细节管理会适得其反。

老话说：不聋不瞎，不配当家。

一个不会装瞎子、装聋子、装哑巴的人不配做领导，因为别人很容易看透你的底牌。

领导者与追随者，本质上是一种互惠与交换。你的行为具有一致性，才能让部属感到“安全”。所以，当部属有了小错，不应该立刻当众批评，而是应该在适当时机关起门来指正。

刘邦的某个部下向他讨封赏，他并没有表现出愤怒，而是给了更高的许诺。

英国政治家查斯特菲尔德勋爵曾这样告诫自己的儿子：要比别人高明，但不要告诉他。

老子则告诫我们：自逞己见，反而做不到明智；自以为是，反而得不到显昭；自我夸耀，反而没有成就；自高自大的人不能充任首领。

相反，学会装傻，学会无为，只会短期内降低别人对你的预期。等你偶露峥嵘，别人会因为这种反差而惊为天人，会认为你深不可测。这种反差带来的张力，是统御力的一部分。

3. 既要统揽全局，又要能服众

1959年，被誉为“现代管理学之父”的彼得·德鲁克在《明日的里程碑》中首次提出了“知识工人”的概念。

德鲁克所谓的知识工人有如下特征：

- 较高的个人素质；
- 很强的自主性；
- 有很高价值的创造性劳动；
- 劳动过程难以监控；
- 劳动成果难以衡量；
- 强烈的自我价值实现愿望。

60年过去了，这6点恰好都对应这个时代白领雇员的特征。

我们已经进入数字经济时代，雇员素质普遍有了质的飞跃，但一些领导者的素质并未得到相应的提升。

连学历不算高的蓝领工人，都让人觉得“难管”，更何况是那些高学历的白领呢？领导者的素养，也要与时俱进，以应对新时代的挑战。

做事需要有统揽全局的能力，做人要有服众的能力，这就是领导力。

第 6 章

灰度法则

创新、容错与风险管控

管理讲究的是精准、控制、可预期，领导则是灰度、影响、随机应变。

在工业时代，目标、任务都是明确的（相对而言），相对是可以预测的。英明神武的管理者依靠先知先觉，通过中心化的管理，就可以帮助我们完成目标、取得成就。

进入知识经济时代，一切都变得高度不确定。上至战略规划，中至项目管理，下至工作内容的描述，都变得扑朔迷离。这个时候，全员进入了一个不确定的世界，只有那些更快获得真实数据反馈的决策者，才能成为事实上的“先知”。这就需要为团队赋能，进而获得新鲜、真实的数据。“管理”已经不能应对这种挑战，领导力被再次提起。

任正非和马化腾这两位商业领袖都很推崇“灰度”管理，所以这章来谈“灰度”这个话题。

灰度法则，首先是一种决策方法。如果再附会一些东方哲学，一本书也未必说得清，本章单纯从“决策”这个角度谈“灰度”。

输和赢之间，还有一个灰度区间

在创新驱动型企业，往往是大赌大赢，也可能大赌大输。在大输和大赢之间，还有一个“灰度区间”：进，可以放手一搏；退，可以及时止损。

IT 界喜欢谈“风口”这个概念，因为“风口所在，猪也能飞”。

然而，当你意识到风口在哪里的时候，往往已经错过先机。

西谚有云：财富犹如蘑菇，生长在暗处。市场的风口也一样，它常常在肉眼看不到、世人看不懂的地方。触摸到风口不能全靠运气，还需要一套试错与风险控制的方法。这是因为，叫好的产品未必能叫座。

如果研发一款产品，一上来就摊子铺得很大，企业投入大量资源，最终市场不接受，那就是赌输了。

微信立项时，腾讯已经有手机 QQ 这张王牌。但手机 QQ 是从 PC 时代进化而来的通信工具。马化腾有种危机意识，感觉一定会有一种基于移动互联的即时通信工具，会横空出世赶上 QQ。与其这样，倒不如腾讯公司自己研发一款产品与 QQ 抗衡。

当时很多 IT 公司都在布局，比如小米公司正在做米聊。马化腾为了赢得时间，让几个技术团队分别做不同的通信软件方案，这几个团队做出的通信软件各有千秋。这时，腾讯选择一些用户做测试，就是做所谓的 A/B 测试。最终在几个方案中选出了最受用户欢迎的一种，也就是张小龙团队开发的微信。

这其实就是一种灰度决策，每一种方案根据市场的反馈给出不同的权重。马化腾这一决策方法最终会成为殿堂级的商业案例。

当任务变得不确定时

工业时代的任务是确定和明晰的，老板让雇工加工一千根锋利的缝衣针，这个任务具体而便于描述。

进入知识经济时代，创新已经是一种核心驱动力，也是知识工作者的工作、任务和责任的一部分。

任务是什么？已经变得模糊和不确定。

寻找答案的过程好比探矿或炼丹。只能原则性领导，而不宜具体描述。比如说，马化腾让自己的下属开发一个基于手机的即时通信软件，他需要一个什么样的软件，自己并没有明晰的答案。

而技术团队，也只能在参考现有成功先例的基础上，融合各方优点，加入一些中国人具体的生活习惯，进行设计。这个过程好比“炼丹”，各种元素的融合、取舍，最终呈现什么样貌，并不能准确预测。

整个过程都是灰色和模糊的。在最终结果出来之前，可能会有一个轮廓，但不会再有清晰的任务描述。在这个寻找答案的过程中，可能发现一个“富矿”，也可能只是得到一些贫瘠的矿脉。

过去，领导者会因为自己能够做所有下属的工作而感到骄傲，如今，这种通才已经非常罕见了。这其实也是领导者所面临的一种新的挑战。

学海无涯，没有人可以掌握所有的知识，因此，下属掌握的专业知识和能做的相关工作，许多新的高层管理者往往所知甚少。

质与量的平衡

领导知识工作者最重要的第一个问题是："任务是什么？"

首先，他们的任务往往是"非标品"。

传统的体力劳动，对任务的指令非常明确，就像流水线上的工业机器人做任务一样，任务是非常清晰的。他们的任务可视为"标准品"。

研究体力劳动生产力的人不必问这个体力劳动者"应该做什么"，他们唯一的问题是，这个体力劳动者"把这件事做得最好的方法是什么"。在泰勒的科学管理里，在福特汽车公司的生产车间里，所问的都是这个问题。

但是对科研和创意产业之类知识工作者来说，往往需要一个探索和破解的过程，才能回答"应该做的任务是什么"这个问题。你让一个设计师去画图，不能说给我一个图就行了。

但这个设计工作没有开始之前，这个设计师自己也不知道什么设计方案才是更好的。

所以，知识工作者的产品，很大程度上是一种"非标品"，一旦强求速度和量化，就容易出现"匠气"。

对大多数脑力工作者来说，质量不只是最基本的、限制的条件，质量是产出的要点及精华所在。

要评价一个老师的表现，我们不问他的班上有多少学生，要问学生学会了多少东西，这就是一个质量问题。评估一个医学实验室的表现，做了多少次实验并不重要，重要的是这些实验有多么准确、可靠，即使是负责将档案分类归档的资料室人员也应当如此进行评估。

因此，脑力工作的生产力，首先要注重获得更好的质量而不只是起码的质量。

如何评估知识工作者的生产力？怎样定义知识型产品的质量？如何在质量与数量之间达到一种平衡？只有在质和量达到一种最佳的平衡点时，才是有意义的。

所以，认为索尼这种高科技企业，衰败于绩效主义，可以说是找到病根了。

在 KPI 的压力之下，知识工作者是不可能有最好的产出的。因此，如果你仍在使用“胡萝卜加大棒”的方式领导知识工作者，不能达到最佳效果。

但是，这并不意味着放任式领导。事实上，他需要比 X 理论领导者有更多投入型管理，需要参与部分执行，从而让每一位员工通过与他人的协作持续获得最好的工作绩效，以完成目标。

迭进与迭退

灰度法则其实是一种“概率思维”。大家都在谈创新，但创新其实是一件高度不确定的事情。越是不确定的事情，越需要概率思维，也就是灰度思维。

那些靠“一把螺丝刀”打天下的“贸工技”型IT公司做错什么了吗？也许并没有，但它们过于保守，所以错过了机会。

创新这件事，有赌未来的成分在里面。以华为来说，为了创新，巨额资金打水漂的事情也不是没有，但总体而言，赢面更大。华为属于大赌大赢型公司。任正非在风险与收益的平衡上，有着上乘的节奏感。

大家都知道迭代递进，是小步快跑，逐渐优化。其实，按照灰度法则，还应该有一种迭代后退。

当CA软件公司（Computer Associates）通过并购飞速发展，紧追微软成为全球第二大软件公司时，前任董事会主席、创办人、3岁由上海移民到美国的王嘉廉先生，曾接受媒体的访问。

记者请教王嘉廉："CA并购的公司，产品五花八门，规格不一，你是如何统合这些规格，如何融合这些产品的？"

王嘉廉用了一个简单原则作答：

“软件开发是脑力活动，人多没用。通常，一个新软件开发不出来不是因为人不够，而是因为人太多。软件的开发计划，事前去审查它，没有意义。我通常相信项目经理，他要多少预算、多少人，我都答应他。但是，我会向他要一个带有承诺性的开发日程表。到了第一个里程碑时，我就去检查。如果未做到承诺，我就减少一个人。下次再检查，若还没做到，我就再减一个人。一直减到项目赶上进度为止。如果人减光了，项目就自然死亡了。”

这就和驾照扣分一个道理，总共就12分，犯一次错，扣相应的分数。既保证了一定的容错性，又有了风险控制机制。

着眼于人

很多时候，成事在天，谋事在人。相对于任务，人是更加可控的因素。

硅谷风险投资家保罗·格雷厄姆（Paul Graham），阅人无数，也阅创业项目无数。在投资爱彼迎（Airbnb）的三位创始人时，他并不是看好他们的商业模式，而是看重创始人身上那种奋斗型才干，那种“打不死”的青春激情。

创建 Airbnb 项目的时候，切斯基和杰比亚的信用卡总共有 3万美元的信用额度。哥儿俩的生意在民主党全国委员会赚了一小笔后，便进入漫长的停滞期。那时他们负债累累，又遭到所有投资人的拒绝，简直举步维艰。

2008 年 11 月，两位创始人为生活所迫不得不自力更生，为了维持生计也为了让公司运转下去，他们想出售卖总统选举主题的早餐麦片这一主意。

切斯基用三寸不烂之舌，说服生产商为他们贴牌做了一吨麦片，因为没钱支付所以根据销售来拿提成。他们重新设计了麦片的包装，分为奥巴马口味和当时的共和党竞选人麦凯恩口味，编上号后放到线下的展会去销售，每盒40美元，最后出乎意料地卖了价值3万美元的麦片——这也是爱彼迎服务早期最重要的一笔资金来源。

那段时间，甚至他们的主要食物来源，也是那些没有卖完的麦片。这就是他们“成为一个麦片企业家”口号的来源。

2008 年年底，切斯基团队终于找到了一个 YC 创业营的面试机会。保罗·格雷厄姆认为“他们这个点子糟透了”。然而，他还是决定提供2万美元的启动资金，让这个初创团队加入孵化项目。“因为创始人们有打不死的自信，而且很有想象力”。

保罗·格雷厄姆认为，这群可以靠卖麦片来维持项目的人，他们做的公司死不了。

的确，爱彼迎是他见过的最努力的团队之一。他们决定在接下来的时间里将爱彼迎发展成一个有盈利能力、可持续发展的事业，而他们也做到了。但令人唏嘘的是，在遇见格雷厄姆之前，他们是靠卖麦片来维持网站的发展和运作的。

投资界最悔恨的人，莫过于佩奇·克雷。

这位名叫佩奇·克雷的投资人，曾撰文回忆他如何在2008年错失良机。

他是最早接触爱彼迎团队的投资人之一，甚至还有机会独投其天使轮。佩奇本人在2007年早期曾构思一个叫作“最大的虚拟酒店”的项目，后来在“AirBed and Breakfast.com”的网站找到了爱彼迎创业团队的联系方式，经过六周的艰难谈判，最终决定投资25 万美元。

但是，在这短短几周内，其他投资者全部都退出谈判，他成了唯一的种子轮的参与者，不过佩奇还是选择推进这个项目。

在9月底，双方一致同意了条款，约定在第二天正式完成投资。但在第二天佩奇并未收到布莱恩的回复，于是便发短信问他是怎么回事。

布莱恩回复说 YC 孵化器希望在这一轮参与投资，而且只有 YC 会参与这轮融资。结果，佩奇痛心疾首地与这次良机失之交臂。

自此之后，佩奇把这样一句话贴在了墙上，每天都会提醒自己这个教训，那就是——把焦点放在创始人身上，别太过分在意冰冷的数据。

硅谷著名投资人弗雷德·威尔逊（Fred Wilson）也拒绝过该项目，原因是威尔逊不知道他们的模式能够做多大。

但是后来，威尔逊在谈到他所错过的伟大投资机会时提到了爱彼迎，甚至要了一盒切斯基制作的早餐麦片放在会议室里。每当有人说不知道如何才能获得初始创业基金的时候，他就会拿起麦片，把爱彼迎的故事告诉他们。

领导与自我领导

随着知识工作者的兴起，要求员工绝对服从命令的工作日趋减少。“知识工作者”是有思想的人，能不断扩充自己的知识和经验。

但这种自我管理、自我领导其实是一种更高的挑战。

组织要提高竞争力，对知识工作者就不能“管得太死”，特别是对那些有创造力的“知识工作者”，传统的管理方式并不适用，过度地控制，反而会扼杀创造力。以下几个主要因素，决定了知识工作者的生产力。

- 自主管理自己的生产力，同时要有自主性。
- 持续地“帮传带”以及自我学习。
- 质是比量更重要的问题。
- 让知识工作者在面临同样机遇时，仍愿意为公司工作，视之为资本，而非成本。

以上种种，几乎都与管理体力劳动者的理念相反。比如说，对体力工作来说，质量当然也很重要，需要有最基本的质量标准，质量不佳是个缺点。

应用统计理论的全面质量管理，就是为了减少低于最低质量标准的产出。

传统的“胡萝卜加大棒”式管理已经不合时宜。“胡萝卜加大棒”这种方法并非行之无效，而是太有效了（短期而言）。然而，这会导致对薪酬与福利待遇的需求越来越大，直到最终超过合理的限度进而使企业失去竞争力。

另外，知识工作者要知道如何发挥自己的潜力。对知识工作者而言，不仅要领导他们，而且还要教授给他们领导力技能，让他们也具备领导力，让这种领导力成为一种部落内独特的沟通语言。

然而，即便是在一流的大学内，也没有谁能够教授领导力，因为领导力是一种实践中产生的能力，大学只能传授理论知识，而无法传授实践技能。所以，领导力教育的重心必将从学校转移至企业雇主身上。

第 7 章

匠构法则

战略与执行的无缝衔接

古代东方某国，曾有一位有着雄才大略的宰相。有一次，宰相到民间巡查，以落实他的政策。

在路上，下属向他报告说，前面有一具死人尸体。宰相反应甚为淡漠，指示不要理会，继续前进。在路上，下属又向他报告说，前面有一具耕牛的尸体。宰相为之动容，亲自前去察看那头死牛，并传来当地的百姓与地方官，讯问了一些非常尖锐的问题。

有人认为宰相很糊涂，因为他对牲口的重视甚于人命。

其实这位宰相是非常明智的，他知道什么地方该放手不管，什么地方该密切关注。要知道，农耕是古代关乎天下存亡的产业，只有拿到第一手的数据，才能制定切实可行的产业政策。但他并非一位微观管理者。破地方上一宗刑事命案，是任何一个治安官都能胜任的工作，而一头耕牛的死亡，则可能意味着农业出现了问题。

这种主张，与我们提倡的“乐队法则”并不矛盾，事实上，每一个乐队指挥都至少精通一门乐器，而不是全然的“外行”。

这也是本章所要揭示的一个问题：许多成功的领导者，无视管理顾问或商业书籍“不要微观管理”的谆谆告诫，仍然继续从事“具体业务”，其原因究竟何在?

参与执行不等于微观管理

几乎所有的管理学都谆谆告诫我们：微观管理是领导力的大忌。

这个说法本身并没错。然而，我们很容易把微观管理与参与执行混为一谈，这样很容易形成一种偏差，认为领导者就应该做甩手掌柜。

想一想，最原始的领导力从哪里来？当一个部落首领脱离了众人，成了独行侠时，他还能成为领导吗？

领导力是实践出来的，有军事理论的人，不一定会成为将军。正所谓“纸上得来终觉浅，绝知此事要躬行”。正如阅读无法学会游泳，知识要在实践中转化为能力。军队是最讲究领导力的地方，拿破仑为什么能成为常胜将军？就因为他总与士兵在一起。拿破仑·波拿巴所带领的军队，对他是非常忠诚的。至于其中的原因，如果你读过拿破仑的传记，就会发现，他经常会亲自上场与士兵并肩作战。换句话说，他能够常胜的重要原因，就是以身作则，与属下共同战斗。

在某次战役开始的前夕，拿破仑巡视全军，从一堆篝火走到另一堆篝火。每当他停下来时，官兵们都上来包围住他。拿破仑和他们谈笑，感谢他们对他的忠诚，并说明他准备好了医疗后勤保障，士兵受伤后会得到很好的医治。

“答应我们，”一位老兵高喊着，“你要远离炮火！”

“我会的，”拿破仑回答说，“我会一直留在预备队中，直到大家需要我的时候。”

任正非认为，只有打过大仗、硬仗、恶仗的人才配拥有决策权。要把指挥中心建在听得见炮响的地方，拥有决策权的正职干部，必须来自一线。

在企业中，不能为某些人是名校出身的MBA或其他原因就将其任命为干部，德鲁克在书中写道：“我的经验表明，23岁时的潜力与45岁的表现没有多大关系。”

任正非说，没有基层实战经验的机关人员，应叫职员，不能直接选拔为管理干部。如果要当行政干部，必须补好基层实践经验这堂课，否则只能是参谋。

一个人在基层，哪怕只是成功做过一个小项目，他也已经把知识转化为能力了。他对实务工作的认识已经和“知识”不可同日而语了。

管理大师明茨伯格认为，解决组织失衡、社会失衡问题的关键，是采用投入型管理（Engaging Management），来取代英雄式领导。这句话用大白话解释，就是四个字：参与执行。要把企业当作一个部落、一个社群，你的社群力，就是你的领导力。就算是拿破仑，一旦脱离了士兵，也会变得盲目，成为瞎指挥的败将。

明茨伯格提出过一个重要概念，叫作“战略的手艺化”。也就是解释战略从何而来的问题。明茨伯格认为，好的战略，既不可能完全精心设计，也不会完全听从天命的安排。那些高明的战略，都有一个形成规律，那就是，事前适度规划，事中边干边调整，事后总结提高。

这个战略形成的过程，体现的是一个顺势而为的动态学习调适过程，这也是明茨伯格“战略手艺化”的根本思想。项保华教授认为，它也可以翻译为“匠艺战略”。

乔布斯在重返苹果公司之前，曾是个出了名的微观管理者。

微观管理几乎是控制狂的代名词，它最大的弊端在于会让事情变得适得其反。

微观管理会过分干涉执行者的进度，让执行者感受到不被信任，这样显然会抑制员工的积极性。

乔布斯注重用户体验，痴迷于细节，这种追求完美的强迫型人格者，会让部属感到挫败，不利于充分发挥雇员的潜力。乔布斯在1985年离开苹果后，创办过一家名为 NeXT 的公司，但因缺乏授权与分派工作的能力，使 NeXT

公司最终走向末路。

不过，领导力是实践出来的。乔布斯从这两次失败中吸取教训，之后采用不随便干预的管理方式，造就了皮克斯动画工作室的成功。当乔布斯于1997年回归苹果时，他已成为一位更加成熟的领导者。

许多管理学书籍，都主张高层管理不宜从事具体业务。而且许多有高层管理工作经验的人也同意：高层管理工作做不好，是因为从事了具体业务分散了精力，而无暇顾及更重要的任务。

可是德意志银行的负责人西蒙斯却另有其不同的见解。在他的高层管理设计中，的确包括了许许多多的“业务性的工作”。他并不将他高层管理的工作局限于指挥他人，局限于计划、检讨及制定银行发展方向等。相反，他的高层管理团队的成员，第一要务便是必须躬亲办理有关银行的工业投资及资金融通的“业务”。这项工作绝不是“指挥”，而是地道的“业务”。西蒙斯绝没有将他的高层隔绝于“螺钉螺帽”之外，而规定他们必须躬亲负起发掘投资机会的责任，必须躬亲负起辅导其投资事业成功的责任。

匠构法则不是提倡微观管理，而是提倡“沉下去”，接地气，参与执行。

亨利·福特有一个愿景，就是“制造人人都买得起的汽车”。

但这个愿景并不是空想，而是亲自参与探索来实现的。人类受认知偏差的局限，早期的原始制造业曾将重量和力量混为一谈。

福特举例说，过去的牛车重达1吨，它这么重却很脆弱，为了把几吨重的人从纽约市运到芝加哥，铁路就得造几百吨重的火车，其结果是损失了真正的动力，造成了大量动力的浪费。所以，福特一直寻找更好的造车材料。

1905年，在佛罗里达的一次赛车活动中，比赛现场发生了一场大撞车，一辆法国车完全被撞坏了。

那天，亨利·福特恰好也在现场。福特拾起了一块被撞掉的阀杆，发现它又轻又结实。

福特对助手说：“将它查清楚。”助手经过一番调查，查明这种材料是钒钢。

福特终于发现了心心念念的造车材料！

发现了钒钢这种材料存在之后，福特还让雇员进一步研究，不同的汽车部件哪种用钒钢最好。

1908年，装备了钒钢部件的福特T型车上市。为了实现最低成本的最大化量产，福特决定，以后福特公司只生产一种车型，那便是T型车。甚至只给这种车喷一种颜色，那就是黑色。

这个决定让人觉得匪夷所思，很多人认为福特过不了多久就会破产。

事实上，这款汽车卖得太好了，直到1927年停产，不到20年，总共生产了超过1500万辆T型车，成为名副其实的国民车型。

一个划时代的产品，大多数源于原材料或部件的创新。苹果手机之所以能够风靡全球，离不开一个关键技术，就是采用了多点触控屏幕。其实，早在1985年多点触控技术就出现了。

在苹果公司内部，这一技术最初是想应用于平板电脑的。乔布斯希望打造一款不用手写笔，可以手持的Mac电脑。

乔布斯的御用设计师乔纳森·艾维在发现多点触控技术的演示后，确信这就是他一直在苦苦探寻的人机交互突破口。

在《成为乔布斯》一书中是这样描述的："史蒂夫完全提不起兴趣。"但是很快，乔布斯改变了自己的观点，他认为这就是未来。乔布斯让多触控技术的团队和iPod硬件团队碰了头，要求他们合作开发一台搭载多点触控技术的音乐手机，这台手机就是后来大名鼎鼎的iPhone。

福特也是乔布斯的商业偶像，在乔布斯的主张下，iPhone只有黑白两种颜色。与福特T型车的命运一样，iPhone一出来，就遭到了同行的嘲笑，诺基亚认为它太金贵，不经摔。微软的鲍尔默嘲笑它是一个没有键盘的昂贵怪物。然而，产品到底好不好，消费者会选择用钱投票，此后苹果每年要卖出接近1亿台iPhone，重新定义了智能手机的概念。

切割目标，各个击破

人容易被宏大叙事所鼓舞，反过来，宏大叙事也可以把我们的行动力陷入瘫痪。参与执行，可以对抗这种非理性。

在阿里巴巴集团的内部，有一个执行力法则，叫作“尊重你的目标”。定目标必须是一个非常谨慎的事情，目标是不可以乱定的，定低了不行，定高了完不成更不行。定下目标后，就要必须完成。

比如，在制定目标的时候，上个月的上限应该是这个月的底线，上个月的最高指标应该是这个月的最低指标！

采用这种设定目标的方法，你就会有一种持续的进步感，那种来自大脑的“即时型奖赏”会鼓励你不断改进，持续进步。

艺人刘德华曾被媒体问道：“你这么多年可以一直这么努力的源头是什么？”刘德华的回答是：“我觉得是一个习惯，把努力变成一种习惯，就不会有压力。”原来，努力也会成为一种习惯，而习惯会成为自然而然的常态。

我们把大目标分解成具体的小目标，并分阶段地逐一实现，就可以尝到成功的喜悦，形成一种“快速、积极的反馈”，进而有动力去实现下一阶段的目标。分阶段后所获得的每一次小的成功加起来最后就是成大事、大成功。

几乎所有的体育教练都是切割目标的大师。美国职业橄榄球联赛教练比尔·帕斯尔斯曾带领纽约巨人队夺得两届“超级碗”冠军，他很赞同“即使小小的成功，也能大大地鼓励人们相信自己”的观点。

哈佛大学行为学教授罗布里曾提出一个“小目标成功学”。他认为，有些人误以为自己能一步登天，所以常做梦一举成名，一下子成为一个成大事者。

实际上，这是不可能的。原因有两个，一是由于你的能力并不够；二是由于成大事必须经过长久的磨炼。

带领追随者实现一个宏大的目标，就要善于将目标切分成一个个小目标，然后各个击破。

单点突破，以点带面

一个好的战略，通常是由一个“点”成长起来的。发现这个“点”离不开领导者参与执行，并进行数据分析。

Instagram（照片墙，简称IG）是一款很热门的社交应用程序，在IG内部有一句口头禅：“把更少的事情做好。”IG前身只是一个叫作“Burbn”的社交网络，由于一开始就有太多功能，显得非常平庸。

其创始人通过分析数据发现，初始产品中形态虽然功能很全面，但大多无人问津，只有一个例外，那就是照片。于是，创始人意识到，拍摄、分享照片可作为这款应用的“突破点”，一切围绕这一体验对产品进行重新设计。他砍掉了其他功能，只保留了照片、评论和点赞功能，并把产品更名为照片墙（Instagram）。

IG后来被脸谱网以10亿美元收购。2018年，IG估值超过1000亿美元，是脸谱网最赚钱的收购交易之一。

截至2019年1月，小红书这款APP的用户数已达到2亿，估值超过30亿美元，入选美国《快公司》杂志评选的“世界最具创新精神公司”榜单，是位居美团和阿里之后的第三名。

鲜有人知的是，小红书是从一个成本极小的“点”开始做起的。

2013年，小红书创建于上海，其创始人为毛文超和瞿芳。

小红书的第一个产品形态是一份名为《小红书出境购物攻略》的文档，放在小红书网站上供用户下载。2013年10月，这份略显粗糙的文档被下载了50万次。

这个“单点”的火爆，验证了两人最初的一个猜想：聚焦出境旅游信息分享的平台很多，但在海外购物信息分享方面还是一片蓝海，毛文超与瞿芳猜想，海外购物信息分享会是一个巨大的市场机会。

这促使毛文超与瞿芳决定放手一搏，在2013年圣诞节前，在苹果手机应用商店上线了“小红书”APP，主要聚焦于一个点：海外购物内容分享。在这个时间节点前推出应用程序，让其顺利完成了种子用户的积累。

2014年春节是一个出境游的高峰，苹果应用商店推荐的海外购物相关的APP，第一个就是小红书。在7天假期里，小红书凭借差异化的内容，迎来用户的第一拨爆发式增长。

此时，社区里分享旅行与美食的内容也逐渐增多，难能可贵的是，两位创始人并没有迷失于一些虚荣指标，克制了做内容延伸甚至做“代购”的冲动，仍聚焦于“购物类的内容分享”这一个单纯目标，为用户制造“一阵捅破天”，无可替代的体验。

那时，正值网站A轮融资，非常需要“漂亮数据”，但两位创始人抵制了这种虚荣的诱惑，认真做好“购物内容分享”这一个点。为了保证内容质量，两位创始人设计了一个模仿驾照扣分的系统，与真实购物体验不相关的内容，都会被降权、隐藏甚至删除。

到了2014年，小红书作为专业海外购物分享社区的口碑被引爆，越来越多精准用户加入了社区。小红书在购物内容分享这个领域建立起了强大的护城河。2015年，小红书也以此获各路风险投资人青睐，创业不到三年就进入10亿美元估值的独角兽名单。2018年，阿里巴巴集团领投的超过3亿美元给小红书，其估值超过30亿美元。把一个爆点做到价值30亿美元，需要的就是一阵捅破天的耐心。

发展到后来，当小红书确实需要流量变现、“以点带面”的时候，仍然坚持单点突破、各个击破的方法论。比如，推出电商模式的时候，小红书仍然采取的是发现、测试爆点，然后是各个高举高打的策略，而没有采用传统的“一网打尽”的运营模式。其创始人毛文超说：“未来小红书也许不会再是现在的样子，但它一定会取得成功。”

乔布斯为什么选择了库克

对细节的过度痴迷，就是微观管理。而适度地参与执行，则是“匠构战略”的必经之路，二者如何拿捏？可谓“运用之妙，存乎一心”了。

随着阅历的增多，乔布斯通过参禅等形式修身养性，渐渐放松了过度的控制欲。那种对细节的适度掌控，反而成就了他。所以，时代华纳的 CEO 杰夫·贝克斯曾这样点评乔布斯：他有一项突出的能力就是在制定超前的整体战略的同时，关注产品最微小细节的设计。这就像德鲁克所说的，领导者要既能像鹰一样高飞，统揽全局，又能飞得足够低，一击必中。

蒂姆·库克并不是出色的产品经理，但库克是一名供应链专家，因为有着超人的谈判力、记忆力和统筹力而被称为“运营天才”。乔布斯选择他做接班人是经过深思熟虑的结果。

库克进入苹果后，第一件事就是帮助乔布斯梳理混乱的运营状况，库克通过一系列措施，有效缩减了库存，从而得到乔布斯器重。乔布斯认为蒂姆·库克胆大心细，与自己所见略同，两人可以在高级战略层面进行互动。但乔布斯认为库克的唯一缺点在于他本身不是做产品的人。

抛开其他因素，综合来讲，库克的领导力，可能比乔布斯还要强一些。从某种程度上讲，执行力就是领导力。库克认定了目标，就会统一众人的思想；他认定的观点，就会用各种方法让其他人认可。

苹果公司拥有庞大的产品线，不过苹果竟然没有一家自己的工厂，从上游的原材料包括数万种电子元器件的采购一直到成品的组装出货、及时交付到客户手中，这一系列的运转都离不开高效的供应链管理，而能够掌控这一庞大运营体系的，就是库克。

乔布斯的成功带有很大的偶然性，不可复制，这一点乔布斯本人非常清楚。乔布斯认为苹果的未来需要一个坚定的职业经理人，能让苹果保持平稳发展。

库克飞来中国市场的次数可谓频繁。事实上，库克对公司的把控也有一种“匠构”的特质——参与执行。库克对供应链细节管理的关注，在苹果公司内部是出了名的。对于自己的业务范围，员工要能回答库克方方面面的提问，否则就会被炒掉。

战略与执行，本是一体的

一些领导者沉迷于战略、愿景、模式等“宏大叙事”不能自拔，认为执行是“微观管理”，“交给底下的人去做就可以了”，这其实是一种误区。

明茨伯格曾这样批评战略大师迈克尔·波特：好像战略就是在办公桌上通过“顶层设计”完美规划出来的，其实，事实可能恰好相反，战略往往是在执行中逐渐形成的，再通过“顶层设计”修正的。

我们一再强调“猛将必发于卒伍”，也是这个道理。战略与执行之间，有一个灰色地带。过度专注于战略，就会陷于迈克尔·波特那种空谈，过分关注细节，就成了微观管理。两者之间的适度拿捏，就是“匠构战略”。

有一家法国企业，经过近20年的努力，已在欧洲市场上获得优势地位。究其原因，乃是该公司的总经理兼任公司营销经理的缘故。

这位老总，不但亲自撰写公司的宣传文案、营销推广计划，同时还亲自维护与各国代理商的关系。一年内，他总得亲自拜会各大代理商30余家，听取他们的意见，研究他们的业务，处理该公司与他们之间的关系。

就商业本质而言，乔布斯与街头小贩在商业上并没有根本的区别，都必须回答一些基础性的问题。如，你的利润来自哪里？你的增长来自哪里？你的库存怎样？你的现金流怎样？你了解顾客的什么需求？为什么你能在竞争中胜出？

领导者不宜做甩手掌柜，而是要放下架子参与到执行中去。对于执行，人们片面理解为微观管理或者“战术”，其实，执行与战略同等重要，执行应是战略的基础，是战术的核心，是企业领导者的主要工作，是组织文化的组成部分。

珠海巨人公司破产后，史玉柱身负巨额的债务。

1998年，史玉柱用手里区区几十万启动资金启动了脑白金项目。

史玉柱这种破产前可是坐在办公室几个亿几个亿花钱的人，但他居然认为“够用了”。

他要从“最小业务闭环”开始切入，进行精益创业。

俗语说：眼是懒蛋，手是好汉。史玉柱这次没有再做甩手掌柜。从消费者需求访谈，到广告文案的写作，史玉柱全程参与。

史玉柱挨家挨户和老人聊天：“吃过保健品吗？可以改善睡眠，可以调理肠道、通便，你想不想吃？”

史玉柱的这些发文，为他赢得了在办公室里绝对想不到的有用信息。

老人告诉他，想吃这些保健品，可是无力购买，只能把空盒子放在显眼地方暗示自家孩子。史玉柱瞬间就悟到了其中微妙，于是决定把宣传口号定位于良品，“今年过节不收礼，收礼只收脑白金”的宣传语就是来自此。

江阴虽然只是一个县级市，但地处富庶的江南，购买力强，既有三、四线城市的社会结构，又有二线城市的购买力，如果在这里试验成功，说明产品具有一定的普适性。

在完成“最小业务闭环”后，史玉柱如法炮制攻下一个个城市。

紧接着，从央视的空中投放到促销员的接地气推销，以雷霆万钧之势，全面引爆。到2000年，公司创造了13亿元的销售奇迹，成为保健品行业的第一名。

2001年，史玉柱还清了债务，并在报纸上印了两个大字：感谢。

当大多数平庸企业的领导人在办公室里幻想着公司未来美好愿景的时候，杰出的领导人却处处留心战略策略的实施细节。

这里要给那些顶着“经理”头衔的领导者泼点儿冷水。一个优秀的领导者，一定不能以超然的甩手掌柜自居，好的战略，都是从执行中来，到执行中去的。

如果不能执行，再好的理论、愿景、使命和战略也只是一个美好的空想。经营模式相同的企业，为什么有的成功，有的失败呢？关键在于是否“把执行嵌入了战略，把战略融入了执行”。

哪些需要甩手，哪些需要参与？

在现代汉语里，管理与领导是比较容易混淆的两个概念。从广义上讲，领导包含于管理，但是从狭义上说，管理不同于领导。管理侧重指控制与执行，领导侧重指战略决策。

沃伦·本尼斯是当代著名组织理论的权威。他在领导学领域有着卓越的建树，被称为领导们的领导。如何处理领导与管理的关系？

沃伦·本尼斯和彼得·德鲁克在这一问题上观点几乎完全一致，那就是，管理是一回事，领导却是另一回事。管理是正确地做事，而领导则是做正确的事情。

执行者代表的是一个进程，领导者代表的是方向。

执行者的目标是必须把各种委派的工作处理到位，领导者的目标是必须做正确的事。执行者考虑的是今天和明天，领导者必须考虑到后天。

领导者要把做正确的事情放在第一位，如果未能“做正确的事情”，而只是“把事情做正确”了，那也只是南辕北辙。这其实也是领导力的轴心法则——能成事。

缺乏洞察力、判断力的领导者，常常会因为缺乏成事的素质而失去权力，这几乎是注定的结局。而知道什么是正确的事，但又缺乏统御力和气魄调动资源来做成事的领导者，也会因其软弱而导致失败。

伟大的领导者既要富有远见，又要有能力去把事情做成。

人的精力有限，我们不仅无法顾及所有的细节，甚至连所有的宏观层面也难以一一顾及。领导者究竟应不应该从事实际的业务呢？其实，这个问题很简单。

关乎企业发展的重大项目，不妨参与执行。

对于别人可以胜任，或者至少能完成得差不多的项目，不妨甩手。

比如，一家大型制药公司，决定扩大产品线。该公司开发新药的科研团队，对公司在竞争中胜出至关重要，这个时候，领导者当然要参与进去。一方面，团队的领导者必须由科研人才担任。另一方面，企业领导还要积极参与有关市场战略制定、有关医疗检验的工作、有关争取政府管制机关核准的工作以及有关营销策略的制定，以期能够打进市场，为医师所接受。

但参与执行还要时刻警惕一种倾向，那就是沉迷于细节不能自拔。人总归是爱做自己熟悉的工作，总归是爱做自己喜欢的工作，总归是爱做他们一向做过的工作，而某些真正该由高阶层担当的业务性工作，反而忽略了。这往往会带来不必要的麻烦。

第 8 章

赋能法则

着眼于机会，而非问题

自古以来，“相马”都是一种神奇的能力。“古人相马不相皮，瘦马虽瘦骨法奇”。相人比相马更复杂，那些貌似怪咖的雇员，可能潜藏着巨大的能力。所以曾鸣教授说：未来企业最重要的职能是赋能，而不再是管理或激励。

什么是赋能？用大白话说就是：你不“能”，我让你能，或者你能，我让你更能。赋能与激励有着微妙的不同，激励偏向的是事情完成之后的物质利益的犒赏，而赋能与使命感类似，更强调兴趣、挑战和创造。

千里马传说

口头上的喜欢，并不等于真正的喜欢。或者说自以为喜欢，并不等于真正的喜欢。

冷兵器时代，良驹是决定胜败的关键。获得一匹千里良驹，进而繁衍出一群千里马，是很多领导者的梦想。

《战国策》里有一个故事，说有一国君，希望用千金换一匹千里马。数年过去后，千里马仍未出现。有人自告奋勇，欲代国君寻找千里马。当这位代理人找到千里马的时候，这匹马已经老死了，于是代理人以五百金买了马的骸骨，回去献给国君。国君很是生气，他说："我想要的是活的、能日行千里的良驹，不是一具骸骨。"代理人却说："我之所以这样做，就是要世人知道，您是真心喜欢千里马，而不仅仅是口头上的喜欢。"

国君千金买马骨的新闻传出后，天下人都知道了。不久，就有人送来了真正的千里良驹。

这则传说对汉武帝也很有启发。汗血宝马又称大宛良驹。汉武帝曾经用纯金打造一匹高头大马，派使者去到盛产高头大马的大宛国去求一匹种马，但大宛国出于战略考量，婉拒了这一请求。汉朝使者在归国途中被杀害于大宛国，金马也不知去向。汉武帝大怒："敢犯强汉者，虽远必诛！"于是，发兵征讨大宛国。交战双方经过惨重代价，大宛国终于同意为汉朝选马。

然而，这种汗血宝马虽然高大，跑得快，但也存在挑食、耐力差等缺点。仅适合短途的表演或比赛，并不适合长途奔袭。据史料记载，汉军从大宛国选良马数十匹，中等以下公母马3000匹，经过长途跋涉，到达汉地时仅余1000多匹。

人们讨论战马，常以"高头大马"为好，马低则差。成吉思汗能够纵横欧亚，依靠的是蒙古马，这种马又矮又小，体高多在120~135厘米，体重260~370千克。看上去甚至还没有毛驴大。不禁让人对“蒙古铁骑”四个字大失所望。

然而，你想要千里马，就要接受它又矮又矬的现实。就像一句俗语说的：你要雇用一个人的手，就意味着要雇用他整个人。

这种蒙古矮种马对自然环境的适应性极强，耐劳苦，不挑食，对一般疾病的抵抗力也强，这些都是其他高大品种所不具备的。

一般蒙古马都步幅不大，速度很慢，但这种马耐力持久，是一种善于依靠耐力做长途奔袭的战马，它的优势在短距离的速度上并不能体现。但如果驰骋千里，这种马的优势就体现出来了，随便给它喂点儿麸子、干草什么的，它就能每天行走80千米，一星期左右就能奔袭千里。而那些高头大马，虽然跑得飞快，但跑个二三十千米就必须休息很长一段时间，而且对草料特别挑，很容易染病。

人才谁不喜欢呢？但是，真正的爱才者，是愿意付出代价的。这代价是包容他身上的缺点。

爱美之心人皆有之，爱才之心人皆有之。

这世间万事万物，都遵守等价原则。你要迎娶绝代佳人，就要付出相应的代价。“卖油郎独占花魁”的故事，不过是一种极度匮乏下的“钟情妄想”罢了。真正爱美的人，一定能包容美人的小缺点。

1. 领导者要懂得“护犊子”

乔治·马歇尔是美国陆军五星上将，为美国在“二战”中的胜利做出了不可磨灭的贡献。马歇尔的用人艺术就是“用人所长，容人所短”。事实上，马歇尔本人也是一个优点和缺点一样突出的人物。

马歇尔出生在一个富裕的资产阶级家庭，但他小的时候有学习障碍，成绩几乎全班垫底，望子成龙的父亲对此十分失望，常用柳条鞭体罚他，希望他能变得聪明起来。这也让不满十岁的马歇尔十分自卑，认定自己注定是“全班最差生”。既然不是学文的料，老父亲便把他送进军校。在军校，马歇尔一开始也表现得极为糟糕。马歇尔还有个缺点，那就是嗓门儿大，因此常受到同学嘲笑与捉弄。但这个缺点帮他后来在军校立住了脚。由于他声如洪钟，学校一旦举行重大仪式，他就有了表现的机会，以此为转折，马歇尔成为学生领袖，毕业后成为一名高级军官，马歇尔从此平步青云。他手下有许多名将，也是瑕瑜互见的人物。

乔治·巴顿之所以能够成为第二次世界大战期间的美国名将，是他的老领导马歇尔将军提携、护翼的结果。

巴顿喜欢让自己成为醒目的符号，他会坐在顶部漆成红、白、蓝色的坦克中监督士兵训练和演习。巴顿的越野车前后会有超大的职级标牌，还配有喇叭宣布自己的到来。

巴顿曾言之凿凿地宣称，自己前世曾是拿破仑战死沙场的手下。这种对自己神奇身份的信仰，用现代心理学的视角来分析，乃是一种典型的表演型人格特质。

美国作家鲍亦尔说，巴顿以其“特技表演”创造了个人的领导风格。

巴顿喜欢营造略显浮夸的形象，比如腰里别着象牙手柄的左轮手枪、头上戴着锃亮的头盔、脚穿骑兵高筒靴、身上不是华丽的礼服就是马裤。

“二战”时期的英国陆军元帅艾伦·布鲁克对巴顿的评价就不高：“巴顿那种虚张声势的个性远超过我的想象。我对此不予置评，我也不会改变看法。一个同时具备潇洒、勇敢、野性等特质的不稳定指挥官，对需要进取心和冲劲儿的行动或许有益，但在要求技巧和判断的行动中必遭失败。”

但巴顿是马歇尔的爱将，甚至可以说是“宠将”。就像小牛犊一样，稳重和冲劲儿很难兼容。但如果能出成就，为什么不给他成长的机会呢？所以，不管多少人批评巴顿，马歇尔都替巴顿一再辩护，说他尽管显得自负而雄心勃勃，但在作战时这是一种优势，可能巴顿不适合担任和平时期的幕僚或管理者，但不能否认他是一名能打胜仗的将军。

事实上，马歇尔心底并不喜欢巴顿将军那种“少爷”风格。巴顿这种“表演”，固然让人觉得有点儿做作，却成为巴顿的一种独特的领导风格。巴顿就是那个年代典型的“少爷兵”式的英雄，美国大兵需要这样的人带动士气。据说“少爷兵”这个说法是当时日军对美军的蔑称，因为当时美军的后勤太好了，午餐肉啊，可口可乐啊，空调啊什么都有，好到令人嫉妒。

正是由于马歇尔的护翼，巴顿成为一名作战勇猛、指挥果断，还以治军严格著称的名将。

当然，马歇尔将军也并不是完全无视一个人的弱点。尤其是在弱点可能影响这个人长处的发挥时。年轻时的艾森豪威尔性格开朗、意志坚定，但谋略不足。马歇尔将军有意栽培艾森豪威尔，就故意安排他从事战略策划工作，马歇尔想通过工作和职守提升艾森豪威尔在谋略上的素养。尽管艾森豪威尔并没有因此成为战略家，但他从此具有了战略意识。这一段经历完善了他的领导力。

2. 能成事的人，才是应该提拔的人

每个人都需要吃喝拉撒睡，都有着凡夫俗子的欲望与弱点。

近距离观察，每个人都那么荒唐可笑。所以古谚说：“仆役眼中无英雄。”另一句流传甚广的金句是“圣人的洞见来自他做流氓时的经验”。就算与圣哲接近的人，也总能发现圣哲的缺点。然而，仆役眼中所见英雄的缺点，无碍于其成为英雄；圣哲身上的缺点，也无碍其成为圣哲。

自古名将如红颜，总归是有点儿脾气和个性的。这倒不一定是恃才傲物，而是由一个人的思维方式决定的。任正非年轻时因为优点和缺点都很突出，所以没能入团。这种人生际遇，让任正非有很深的感慨：企业选拔干部不是选拔圣人，而是选拔能人。

任正非曾提出一个概念，叫“泥坑里爬出来的圣人”。比如麦凯恩，做过战俘，在竞选美国总统的时候，麦凯恩说过一句话：“我在越南当过俘虏，

我为国家出过力，所以我要竞选总统。”这种用人所长的价值观，可以让一个国家走向强大，也可以让一个企业走向强大。

卓越的领导者在用人时是着眼于机会，而不是着眼于问题。他们首先会问：这个人在某一方面是否确有过人之处？能否胜任某个任务？如果答案为“是”，那就毫不犹豫地起用此人。

美国南北战争期间，林肯总统任命的总司令格兰特将军有贪杯的坏毛病，是一个著名的酒鬼。当时不少人反对林肯的这个决定，说格兰特嗜酒贪杯，难当大任。

林肯成长过程中见过很多因酗酒而造成的悲剧，他当然知道喝酒的危害。但林肯淡然回答说：“如果我知道格兰特将军喝的是哪种牌子的酒，我会向其他将军也各送上一桶。”

事实上，林肯非常清楚，在所有联邦政府将军中，只有格兰特有能力运筹帷幄，把握全局。

在任命格兰特之前，林肯也曾先后选拔了三四位无重大缺点的将领。结果呢？在北方军队条件占优势的情况下，他们无一能取得成功，甚至还吃了败仗，连首都华盛顿都差点儿丢了。

林肯麾下另一员大将谢尔曼，是仅次于格兰特的名将。谢尔曼以冷酷无情著称，曾经在获胜的情况下放火烧了亚特兰大，造成了数万平民的死亡，以今天的标准看，这是一个不折不扣的“反社会人格”者。然而，战争就是战争。正是谢尔曼的“三光政策”彻底让南方绝望，摧毁了南方的抵抗意志。而林肯麾下那些“无缺点”将领，都被南方李将军手下的“有缺点”将领打败了。

林肯任命格兰特这样的酒鬼、谢尔曼这样的屠夫为将军，是深思熟虑的结果，这也成为南北战争的转折点。

林肯用人所长，不止于军事上。林肯在竞选期间，有一名强劲对手名叫斯坦顿，斯坦顿为了打败林肯，不惜对林肯极尽污蔑羞辱之能事。但林肯赢得大选之后，仍重用了斯坦顿。斯坦顿也不负众望，为国家做出了很多贡献。林肯遇刺后，斯坦顿说："林肯是世人中最值得敬佩的一位，他将流芳百世。"

林肯用人的成功，验证了"用人所长，容人所短"的正确性——你只须充分发挥下属的专长，而不要求他必须毫无缺点。

具有某一特定才能的人，正是因为他们的"偏科"，才能够达到那个境界。而那些十八般武艺样样都通一些的"万金油"人士，在真正面临挑战时往往不堪大用。

比如格兰特将军，虽然有酒精依赖，但他其实是个内秀的人，不仅有过成功的战绩，还受过西点军校的正规教育。林肯需要的正是这样的一位总司令，而不是一位完美无缺的圣人。

再如谢尔曼——一名战争屠夫，干脏活儿的，但赢得战争需要这样的威慑力。

在20世纪30年代中期，马歇尔出任要职之前，美国陆军暮气沉沉，几乎没有担任要职的年轻将官。马歇尔成为五星上将后，改变了这种局面。"二战"期间，经马歇尔将军提拔后升为将级军官的人选，在当时几乎都是无名的年轻军官。

艾森豪威尔也是马歇尔将军所提拔的人选之一，当时艾森豪威尔只是一名三十出头的少校。到了1942年，由于马歇尔将军大胆起用年轻人，美国出现了一批有才干的少壮派将领。经马歇尔提拔的将领，没有一个是徒有虚名的无能之辈。

马歇尔将军坚持的是用人所长的原则，他常问："此人能做些什么？"只要一个人有突出的能力，其他的问题只要还能勉强凑合，就会被加以任用。这种"唯才是举"的用人策略，知易行难。因为我们普遍对别人的缺点更为敏感，一个缺点几乎可以掩盖他身上很多优点的光芒。

绩效考核与“我们来找碴儿”

彼得·德鲁克认为，管理学上的绩效考核制度，起源于心理治疗，本来是一种纠正行为障碍的行为疗法。病人花钱就是让医生帮自己挑毛病的，而心理治疗师则认为：正常的人是不会来找他矫治的。所以，心理治疗所重视的是病人的“毛病”，而不是病人的“优点”。

因此，当绩效考核这种行为矫治技术被工商界人士“借鉴”的时候，他们是明白的，这种制度最初的本意，并不相信人的主观能动性，它的着眼点就是“找碴儿”。又或者始作俑者认为自己的雇员不过是一群行为失常的家伙。

如何考量一个人对企业的贡献？我们能够测量的，只有绩效。我们所应该测量的，也只有绩效。所以，一套行之有效的考核方式又是必须有的，于是，就有了 KPI（Key Performance Indicator）关键绩效指标这个管理工具。

几乎每一个大公司都有一套以 KPI 为代表的绩效考核制度，但是，可以说，这套制度几乎从未起到过实际作用。这套治疗人的行为失常的制度，一旦起作用了，后果更为可怕，它只会让人“行为失常”。

所谓的 KPI，就是关键绩效指标的意思。比如说，很多出版商给写手的 KPI 是字数，毕竟很多读者是冲着厚度和“性价比”选书的，于是，很多注水的作品就出现了。所以，海底捞火锅连锁餐厅的创始人张勇曾有句名言：“每一个 KPI 指标的背后，都有一个复仇女神在等着你。”

火锅的味道大同小异，所以，海底捞这家餐厅，选择了以“服务”为差异化战略。为了让服务细节能跟上，海底捞也走过不少弯路。

比如，张勇发现，客人戴眼镜，在店内容易起雾，送给客人眼镜布，会让客人觉得很贴心。这个小举措值得推广，就列入了 KPI 考核。结果，服务员就每个客人都送一块眼镜布，这个行为很容易理解，送眼镜布客人不会讨厌，自己不会被扣分。

张勇又规定，要给客人的手机加上保护套，以防进水。然而，有些食客希望边玩手机边吃火锅。但是，KPI 在那里管着，服务员总是会见缝插针地说："我给你套上吧。"食客说："真的不用。"于是，服务员趁食客不注意的时候，偷偷把人家手机给套上了。服务员的行为固然有黑色幽默的表象，背后却是逃避责任的动机，服务员的做法是有其合理性的。

于是，张勇又设定了一个新的 KPI 指标，那就是"翻台率"——在指定时间内服务员服务了多少桌客人。这个指标依然会带来弊端，客人如果晚到几分钟，服务员为了提高翻台率，会不惜把客人已经预订的席位取消。

实践了一圈，张勇才发现，原来 KPI 这种教科书上广为推介的管理制度并不好用，于是把海底捞原有 KPI 都废除，将刚性、细化的 KPI 指标改为柔性、笼统的指标。

张勇借鉴航空公司的"神秘旅客"制度，邀请一批被称为"神秘食客"的外聘督察员，到各家火锅店吃饭、打分，以有效掌握食客对火锅店服务的体验。海底捞将店内服务分成 ABC 三个等级：A 级奖励；B 级不奖不罚；C 级也不罚，但需要辅导。辅导期过后仍无改进的，将店长撤职。

着眼于目标，而不是指标

极少有人会严格按照各种指标去吃饭，即使有这样的人，也不见得会比其他人更健康。

一些绩效考核手段流于形式，过分关注指标，变成了一种“咱们来找碴儿”游戏。很多公司在实际管理中，并没把绩效考核真的当回事。往往是年年绩效考核，年年归档，但在真的要选拔某个人做主管时，从来没有谁去查阅过绩效考核表。绩效考核表，在实际管理工作中约等于废纸。

1. 索尼陷入绩效主义的泥沼

20世纪80年代，日本经济高速发展。日本人信心满满，所以对绩效考核这种美国式管理是嗤之以鼻的。

有一次，彼得·德鲁克参加了一项日本人主持的管理学研讨会，参加者都是日本企业的高管。德鲁克发现，日本根本没有绩效考核制度。这让见惯了绩效考核的德鲁克目瞪口呆，就好奇地问起了其中原因。

日本管理者告诉德鲁克：“你们美国人的绩效考核制度，目的只是发现一个人的错误和弱点。但在我们日本，讲究终身雇佣，所以不能因为一个雇员的缺点而将他开除或降级，这样我们自然对绩效考核制度不感兴趣了。反过来说，我们倒觉得，最好不要了解一个人的缺点。我们所要知道的是他有什么优点，他能做些什么。而你们美国人的绩效考核制度，却根本不重视这一点。”

日本企业内部讲究年功序列，一个人为公司服务满十五年，工资就可以翻一番。

所以，雇员不会随便辞职，公司也不能将他开除。除非一个人的职业生涯确实到了天花板，否则他不会轻易跳槽，公司就像是一个他所熟悉的部落，他不会轻易搬家。

在这样一种企业文化下，企业不得不对员工的缺点视而不见，转而去发掘员工的优点，去发掘能成事的人。正所谓“江山易改本性难移”，人身上的很多缺点是无法纠正的，只要不影响正常工作，就让它存在吧。

这样一种企业文化，使日本的企业都将绩效考核视为一个笑话。

1985年广场协议之后，日本经济在美国的打压之下进入了一个“失去的十年”。这个时候，日本人变得不再自信。于是，一些企业也引进了“绩效考核”制度，最典型的莫过于索尼。当索尼与时俱进，引入绩效考核制度的时候，也为索尼的衰退埋下了种子。

索尼前常务董事士井利忠，笔名天外伺郎，他在反思索尼为何衰落时说：“今天索尼的职工好像没有了自发的动机。为什么呢？我认为是因为实行了绩效主义。”他认为不管是什么样的企业，只要实行绩效主义，一些扎实细致的工作就容易被忽视。

病人花钱找医生，医生当然有义务帮病人挑毛病。但将这种医患关系用于领导者和追随者身上，则显得不伦不类，甚至会造成双方关系永久的裂痕。

所以，真正的领导者，绝对不会用绩效考核来领导。相反，他看到了雇员的缺点，甚至还会帮他遮掩，或者关起门来教育。

2. 要绩效精神，不要绩效主义

相对于KPI，还有一种发轫于谷歌公司的OKR工作法，全称是Objectives and Key Results。这两种方法的区别在于，OKR强调的是目标，而KPI强调的是指标。

以写一本书为例，着眼于目标，就是为了形成口碑，长期畅销，为此要尽量反复推敲，为读者提供真正有价值的思考方法。如果着眼于指标，就可以从书名、装帧、厚度等方面考核，毕竟这是一眼可以看到的直观目标。

绩效考核只是一种管理工具，有时难免会用错地方，也弄错了目标。

正所谓不聋不瞎，当不了家。一位好的领导者会吹毛求疵，专找下属的缺点吗？所以，绩效考核制度往往在推广中会受到一些中层领导的消极抵抗。

但是，作为一种最能衡量员工贡献的尺度，绩效又不能不考核，卓越的领导者，往往总有一套自己与众不同的绩效考核方式。

这就是一种绩效精神，这种绩效精神的实质，是将自己对某人任职的贡献期望列出来，再将某人的实际绩效记录下来，并与所期望的贡献相比较。

这样的绩效考核方式，与常见制度的不同之处在于，显然它是一种柔性的考核，它注重当事人的长处。

要有绩效精神，但不要搞绩效主义。一个简单的思维方式是，如果他们（雇员）是我的亲戚（甚至子女），我该怎样栽培他们？这个人做干部，能不能善待其他雇员？好的领导者，知道如何通过考核激发人心里的善，而不是让人感到像是在“找碴儿”，激发出人心底的恶。所以，在选拔干部的时候，不能唯“绩效”是举，还要考察其“德”，有没有团结大家一起干的素质。

用人所长，是卓越领导者的特质

世界上的企业，大概分两类。

有一种行业，人的贡献率呈“正态分布”，比如搬砖的筋肉劳动者，每个工人的贡献率都差不多，每个人都像标准的配件，随时可以被替代。这种企业，比较“跳”的员工，就是害群之马，不批评教育就会带坏全公司的纪律。

还有一种行业，个人贡献率呈“幂律分布”，人与人之间的贡献相差极为悬殊。比如销售这种职业，员工的素质是“非标准化”的。一个有销售天赋的人，和一个普通人之间的成果可谓天渊之别。

一个人行事嚣张、锋芒毕露，年销售额1000万元；另一个人人见人爱、中规中矩，但销售额仅为500万元。作为领导者，你会提拔谁?

回答这个问题，还是要参照轴心法则。

1990年，新寡的董明珠来到珠海打工，来到了海利空调厂，也就是格力的前身。董明珠靠着一股拼劲儿替公司追讨了一笔40万元的烂账。这让厂长朱江洪对这个女子刮目相看。

1992年，董明珠还是一名销售员，但当年她在安徽市场销售业绩是1600万元，这一年格力全公司总销售额才1.28亿元。

1993年，董明珠主抓南京市场的时候，个人销售额是3650万元，这一年，整个公司销售额还不到一个亿。

1994年，董明珠完成了1.6亿元的销售额，当时格力全公司的销售额才不过4.6亿元。这一年，朱江洪决定下调销售员提成，引起公司人事震荡。在这个节骨眼儿上，董明珠站在了朱江洪这边。朱江洪十分感动，决定让董明珠出任销售部总经理。后来朱江洪退休，董明珠接任了董事长的职务。

所以，董明珠在格力的领导地位固然有领导栽培的因素，但绝对不是白白得来的，更不是靠“潜规则”上位得来的，是靠业绩说话干出来的。

卓越的领导者从来都不关心员工与他的私人关系如何，他所关心的是员工能做出哪些贡献，这也是“轴心法则”所决定的。

格力的董事会明白，选择这个锋芒毕露的女人，有时沟通起来难免不那么愉快，但从大局和长远来看，更符合全公司的利益。连娱乐界都知道，只要女主角能吸引人们来看戏，她怎么发脾气都没有关系。更何况是在商界呢？

尽管董明珠在个性方面尚存争议，对她的行事风格也颇多议论，但格力还是离不开这么一位女强人。董明珠如果没有一股“狠劲儿”，肯定无法做出后来的业绩。这种狠劲儿，在工作中很难与“温良恭俭让”兼容。某种程度上讲，她的缺点，正是她的优点。

用人所长，往往意味着容人所短。

现实世界中，根本不存在毫无缺点又能力很强的人。每个人的人格特质都不相同，这让他们获得了不同的竞争优势。这就好像是山峰越高、峡谷越深一样，人的能力越强，才能越突出，他的缺点也就会越凸显。

着眼于缺点，我们将无人可用

人的才能，是一种悖论式的存在。英国萨里大学贝琳达·博德教授通过调查发现，企业高管中存在自恋型、表演型、强迫型人格障碍的概率要远远高于普通人。

翻开历史，可以发现，古今中外的名将，没有几个不是以自我为中心、自高自傲的人物。一个人的自负、自傲，会产生战胜困难的勇气。反过来，一个特别有自知之明的人，则会考虑到所有的困难与风险，这种忧虑情绪和困难传染给其他人，这仗还怎么打?

著名的心理学家亚伦·T. 贝克教授，从进化心理学的视角，制作了一个“人格障碍的进化模型”。

人格障碍	资源属性	驱力	功能策略
自恋型	群体	竞争；拓展	彰显自身特殊性
依赖型	他人	依恋；拓展	寻求被关爱，取悦他人
表演型	他人；群体	性吸引；拓展	赢得注意；娱乐大众
回避型	他人	自我保护	避免被贬低
反社会型	自身技能	竞争；拓展	欺骗；作弊；掠夺
强迫型	自身技能	控制；拓展	设定标准、体系
偏执型	自己	防御；自我保护	过度警觉；反击
分裂样	自己	自我保护	与世隔绝；超脱疏离
被动攻击型	自己	控制；保护	拒绝外在的控制；争吵
抑郁型	自己	批评；保护	抱怨；放弃；退缩；苦闷和自责

亚伦·T. 贝克的“人格障碍的进化模型”

这个进化模型说明，一个人的缺点，有可能还是他的某种优点，在适当的条件下，就可以转化成无可比拟的优势。

从进化论的观点来看，人格特质中相对稳定存在的个体差异，是有其生存意义和适应意义的。在蛮荒时代，有些人靠自我“推销”赢得优势，有些人靠自身技能存活，有些人靠提心吊胆幸存，大部分人靠抱团取暖幸存……这些取得生存与繁衍优势的人的基因得以延续。

着眼于问题，我们将无人可用。对于那些做出成绩的员工，不管别人以什么理由来反对：

- 人太年轻了，还要再磨一磨
- 原来的职位少不了他
- 一线实践的经验还不够
- 提拔到了别处怕那里的同事不能接受

诸如此类的理由，都可以忽视。此类反对意见很常见，都不算理由。反对者的动机千奇百怪，但领导者只有一个动机，那就是出成果。一个人，只要他能做成事，就要给他想要的奖励。选拔干部，也应着眼于机会而不是着眼于问题。选拔干部，不仅能激活一个组织，也能激发其他员工的干劲儿和热情。

用人所长的脑科学解释

从某种程度上讲，我们都是大脑荷尔蒙的奴隶。

大脑会分泌多种能让人产生快感的荷尔蒙，引导我们的行为：产生快感的多巴胺、令人放松的血清素、能使我们兴奋的复合胺、带来激情的“去甲肾上腺素”、负责镇痛的内啡肽，以及促进我们社交的催产素……

过去，我们只能通过一个人的行为来猜测其大脑活动。现在，通过脑成像技术，我们已经可以观测到人类大脑的活动。这让我们更新了关于人脑的认识。

中国人常说，三岁看大，七岁看老。

这其实非常有道理。

一个初生的婴儿脑中有1000亿个神经元，在一个人成长的最初15年中，这些神经元之间如何建立关联，决定了他与众不同的思维结构。在儿童三岁时，这1000亿个神经元各自建立了15万个突触的连接。这种繁复的连接太低效了，所以在后来的大约十年中，大脑开始整合这些连接网。牢固的连接得以增强，而薄弱的连接逐渐废弃。脑神经科学家把这个整合过程比喻为路网的形成：“那些常走的路会越走越宽，不走的路则渐渐荒芜。”

有些神经连接之所以能发展为高速公路，一方面有遗传基因的先天因素，另一方面也有个人际遇的后天培养因素。

当一个人长到十几岁时，他的大脑已经开辟出一个与众不同的“高速路网”，那些不常用的连接，已经荒废成人迹罕至的荒原。

比如说，一个人小时候就不能体谅他人的情绪，那么长大之后，他就更没有这种可能了。如果小时候他善于与人打交道，他长大后会更加善解人意。一个人小时候就喜欢音乐，长大后会更加沉迷于音乐的世界。一个人大脑内的“高速网络”，在他人生的前十几年已经铺就。

当然，大脑具有可塑性。就算一个人患上了脑卒中，他依然可以通过“重新修路”，建立新的神经联结，而实现大脑对身体的控制，实现局部的康复。但这条路，已经不能称之为“高速公路”，至多是一条临时的山间小路。

所以说，你可以通过培训去改变一个人，但取得的效果会很小，也很慢。他只能够应付一些简单的挑战。但是，无论怎样的培训和激励，都无法将一条临时救急的小路变成畅通无阻的“高速路网”。所以，只有一个人的缺点确实影响到了日常工作时，才应对其加以辅导，让其应付一些最基本的挑战。比如马歇尔刻意让艾森豪威尔进行战略策划方面的训练。

批评风格所折射的X、Y、Z理念

批评太狠，会伤害了某个人敏感的“神经”，引发令人失望的后果，说得太轻又有可能无法达到预期的效果。

身处不同的情形，应采取不同的批评风格。不同的批评风格，折射出的是不同的管理理念。

1.X式批评：当头棒喝

在一些层级分明的公司内，推卸责任以自保是人的第一求生本能。人们会极力掩盖错误，因此减少或延误了进行弥补、更正的机会。

我们可以设想一种情况或场景。

老板对着秘书大喊道：“告诉那个笨蛋张三，拿着他的……到这儿来！”张三浑身哆嗦地走了进来：“是，是的，刘总。”

老板并没有探究问题的根源所在，便问道：“你知道自己都做了些什么吗？你太粗心大意了！奖金不会有了，事情解决之前不要再让我见到你！”

张三小声说：“对……对不起。”他也许会补充道，“李四交给我的那部分本身就有问题。”

张三一边退出房间一边压着嗓子低声咒骂着老板。张三可能会向同伴讲起自己如何被老板羞辱。类似于上述场景经常在一些公司内发生。

这种批评甚至杂糅了人身攻击的成分。

这个场景所反映的批评文化体现了管理学中的X理论。此理论认为，人的惰性是普遍的，动力来自不断地监督与激励。

古典管理理论认为，恐惧才是人们的第一驱动力。所以马基雅维利有一句名言：“君主应当让人畏惧，这比让人爱戴重要得多。”唯一能激励工人的就是他们对监工惩罚的恐惧。

这种批评，属于 X 式批评。

青年时期的乔布斯的批评风格近似于 X 式批评。

即使是苹果的首席设计师艾维，在刚开始接触乔布斯的时候，兜里也揣着一封辞职信。

除非你有乔布斯的本事，否则就不该有乔布斯的脾气。我们进行批评的目的是更好地开展工作。因此，需要足够的智谋、耐心与沉着。

2.Y 式批评：对事不对人

所谓批评，指的是在不伤害出错的相关人员的自尊与自信的前提下向他（或她）明确地表明意图，根据具体情况鼓励他（或她）进行更正。

每个人都会犯错，除非我们变成圣人。领导者如何处理失误，会对员工的情绪、效率及忠诚度产生极大的影响。

我们再来看一看另一种 Y 式批评。

老板对秘书说：“你能不能把张三叫过来？”

张三走了进来：“早上好，刘总。”

老板回应张三的问候，表情略显凝重：“张三，你知道，我们的产品性能非常高，在市场上很有竞争力，我对你很信任，也知道你有能力，我想知道为什么这批产品合格率这么低，到底这是怎么回事？”

张三回答道：“这个问题确实很严重。因为我没能向员工充分解释这批部件的细节，就按照老办法进行组装了。我对这次问题负有不可推卸的责任。”

老板说：“下次务必不能再发生同样的事情了。一定要记住这次教训。我会同供应商谈，让他们协助对生产部门的员工进行培训。”

老板以肯定的口吻结束了谈话：“张三，我相信你可以的。如果能实现我们的生产目标，下次我们讨论的可能就是奖金问题了。”

张三离开老板的房间时，他考虑的是如何提高产品的质量，而不是怨恨其领导。

在这个场景中，老板的风格表明人受到了重视与尊重。老板履行职责时凭借着：

- 强调工作的重要性
- 要给部属一个解释、改进的机会
- 强调高质量的必要性
- 表明自己对下属的信任
- 对部属进行培训，对进步进行奖励
- 探究问题症结所在，而不是迁怒于人
- 要给部属提供更好的技术支持或辅导

这种情况属于Y理论，该理论认为，人是有创造性且具有主观能动性的，人们的工作态度，受工作环境与待遇的影响。

3.Z式批评：家长式的责骂

管理学中还有所谓的Z理论，也就是日本式管理。

很多公司喜欢宣扬“公司是我家”，但这种口号容易被员工认为是一种欺骗。除非你是铁饭碗或者不轻易开除员工的终身雇佣制。日本式管理的一个特点是长期雇佣职工。其实这样的企业，更像是对家庭的模拟。

如果一个企业能给员工充分的安全感、优厚的待遇，企业领导者就是雇员精神上的父亲。

在东亚地区，老子骂儿子天经地义。

任正非就曾表示：我骂谁是对谁爱，不爱他骂他干啥？确实是这样，在一个企业中，只有核心圈层的人，才能建立起家人般的感情。其他尚未进入核心圈层的员工，只能视为部落成员。余承东就挨过任正非的骂，但挨骂后的余承东把华为手机这件事做成了。这种家人式的领导，就像父母责骂完孩子后，还是要给孩子去做饭，并不会产生心理上的隔阂。

华为公司并不是终身雇佣制，但显然任正非是有自己的“嫡系”的，这种信任关系之下，其实也是一种家庭的模拟。这种模式在一定范围内是行之有效的。按理说，在工作中不应该带有情绪，但人毕竟不是纯粹理性的。心理学研究发现，很多人之所以情绪不稳定，其实是在成长过程中父亲角色的缺位。一旦在工作中出现了一位父兄式的领导者，那些不安全感、已经极端的情绪就会消失，工作就会变得特别投入。

一位副总裁曾劝任正非控制自己的脾气，以防血压上升。但任正非不以为然，他觉得自己骂人的时候血压很稳定。这种做出成就的老人，会让追随者感到一种安全感。

当然，如果你的企业没有使命感，开出的薪酬没有竞争力，对方又不是你的心腹嫡系，在批评中还是要多使用“肥皂水”为好。何谓肥皂水？也就是最原始的剃须泡沫，在刮胡子的时候涂上肥皂水，就能有效减少摩擦系数，剃须的感觉不至于很疼痛。

做出卓越成绩

马云主导创办过一个名为“湖畔大学”的创业者俱乐部。其实，企业家创办俱乐部并以大学的名称做培训，并非新鲜事。乔布斯在世的时候，也在苹果内部秘密地做过一个名为苹果大学（Apple University）的内训项目。

1. 做员工潜能导师

企业领导对员工的培训有两个目的：第一是做员工的导师，发掘员工的潜能，这是金钱激励所达不到的。第二是传达自己的理念，打造企业的“部落语言”，也就是企业文化。

与乔布斯的“现实扭曲力场”如影随形的，是乔布斯发掘员工潜力的能力。他也是员工的潜能教练，为了帮助首席设计师艾维提升专注力，乔布斯经常问他：“你今天说了多少次 NO？”

在苹果公司，乔布斯经常脱口而出的是诸如此类的话：

· 不同凡响（Think Different）。比如能不能造出一台能装进牛皮纸信封的笔记本电脑。

· 最好的（The Best Things）。乔布斯意在提醒雇员，要让最好的东西围绕在自己身边，比如有才华卓越的同事和高品质产品理念等。

史蒂夫·乔布斯认为，自己的成功离不开那些追随自己的，希望做出不凡成绩的优秀人才。乔布斯已经无法凡事都亲力亲为，但他有着极强的控制欲。唯一复制自己理念的形式，就是培训，通过员工内训，将自己的管理哲学植入企业文化中，这样，即使乔布斯不在了，他依然有很多个“分身”会贯彻这些理念，从产品设计到营销策略，都带有乔布斯的烙印。

2014年，几名苹果公司员工匿名接受了媒体采访，他们透露了一些在苹果大学所学的课程，比如产品如何才能与毕加索作品中的“优雅简洁”相媲美。乔布斯善于唤起追随者的热情，他鼓励雇员创造超凡脱俗的产品；他善于提振追随者的信心，也善于启发他们去实现那些看起来难以实现的任务。

2. 志存高远才是对员工负责

在前面的案例中，那些出版社的雇员能被挖过来，都是有本事或自以为有本事的，他们都是希望能做成一些可以自豪的成绩的。

当领导者带领他们做一些了不起的、可以引以为傲的事情时，他们会心怀感激。然而，很不幸，他们在领导眼里只是一部车的零件。

取法乎上，仅得其中。

如果一开始就只想做一家平庸的公司，那样既耽误了公司发展，也耽误了员工个人发展，对全社会来说更是一种浪费。

不发掘员工的潜力，其实是对所有人的不负责。从表面看，领导的轴心任务是要成事。但是，工作都是由人从事的。领导者要面对充满灵性的人，面对人心中的善与恶、无能与潜能。所以，以愿景、使命、价值观为导向，充分发掘员工的潜力。这并非空谈的高调，而是切切实实的经验和教训。

3. 激励什么，就是提倡什么

人的行为，是受大脑的“恐惧”和“筹赏”两种机制驱动的。赏罚那就是你引导人的行为的利器。

赏罚的目的，就是让人明白你提倡什么，反对什么。管理学上有一则流传甚广的《渔翁与蛇》的寓言：

某天，一位老渔翁正在船上闲坐。他突然看见一条水蛇口中叼着一只青蛙。

那只青蛙正在蛇口里痛苦挣扎。渔翁动了恻隐之心，便出手把青蛙从蛇的口中拯救出来放生了。渔翁又觉得有些对不起饥饿的蛇，出于同情，渔翁把自己携带的食物给水蛇吃了一些，水蛇愉快地游走了。

渔翁为自己的行为感到高兴。正当渔翁沉浸在自我陶醉中时，听到了船头有拍打声，渔翁探头一望，大吃一惊，因为他发现那条水蛇正抬头眼巴巴地盯着自己，嘴里叼了两只青蛙。

这则寓言给我们一个启示：你的奖励会产生正反馈，惩罚会产生负反馈。你奖励什么，就是在提倡什么，你惩罚什么，就是在禁止什么。对奖惩所带来的后果，要有充分认识。

如果公司“宣布讲究实绩、注重实效，却往往奖励了那些专会做表面文章、投机取巧的人”，这样的奖励只能鼓舞公司的员工都去投机取巧，做表面文章，导致公司的实际绩效下降。

不会安抚就不要骂人

身为领导，每一天都要面对关乎企业发展的具体事情，有时难免神经高度紧绷。人在大量分泌肾上腺激素时，就像一个随时会被引爆的火药桶。所以，领导者总会有搂不住火的时候。吹胡子瞪眼、拍桌子砸板凳并不是什么新鲜事儿。即使以“经营之神”闻名的松下幸之助，也不能幸免。

三洋电机前副董事长后藤清一曾经在松下公司服务。

某次，他犯了一个小错误而激怒了正在气头上的松下幸之助。

那时候的松下电器公司还很简陋，取暖还要生煤炉。当后藤进入松下的办公室后，松下幸之助气急败坏地拿起一只火钳边敲打，边责骂后藤。

挨了一顿骂的后藤正欲悻悻离去，突闻松下说道：“等一下，刚才在气头上，不小心将这把火钳弄弯了，你帮我把它修一下好吗？”

于是，后藤找来锤子，又把火钳砸直了。在砸的过程中，后藤的情绪也得到了稳定。

松下幸之助接过后藤修好的火钳，还直夸后藤修得好。这种责骂过后，反以题外话来肯定对方的方式，其实宣示了一种态度：对事不对人，该表扬的地方还是会表扬的。但松下幸之助也为自己出言过重感到后悔，就给后藤的妻子打电话说：“后藤今天被我批评了，情绪可能不太好，希望你好好照顾他。”即便在日本这种不轻易跳槽的企业文化中，后藤因自尊心受伤也起了辞职的念头，但松下的做法，起了有效的安抚作用。

责骂过后，往往会引起对方的反感，或引发他产生“无能”的不安感。骂人者也会因自己失态而感到后悔。虽明知会有这种反应，但若不予责骂就是姑息他人，事情不会有所改进，不知不觉中造成部下的惰性，成功便永远不会降临。

该责骂时须责骂，只是责骂过后必须使对方了解“此一责骂并不表示对他失去信赖”，这一点是非常重要的。

这虽然是一个很老的故事，却不乏启发性。松下的赞言和笑容即属于这一做法，下意识地用间接方式再透露些有关情报给第三者，更是他独到的技巧。在东方的儒家文化传统思想里，“天地君亲师”是需要无条件服从的。即使到了现代，领导责骂下属，有时也会被理解为带有“骂是爱”的成分。所以，任正非先生才说：我爱谁，才会骂谁。我骂余承东，是因为我器重他。因此，在责骂之后给予恰当的安抚，下属才会产生领导对自己“爱之深，责之切”的感受，会奋发图强，做出成绩。

当然，也有一些离开华为的高管，对此并不买账。所以，大部分情况下，还是要用“情商”来领导。

马龙·白兰度主演的电影《教父》中有一段台词：“当你说‘no’字时，你得把‘no’说得听上去就像‘yes’一样悦耳。”

这种境界，可以说是情商的最高境界了。还有一种办法，可以达到同样的效果，那就是设法让他们亲口说“不”字。

某公司有一位非常爱打扮的女秘书，但是，她经常会在工作中出现一些不该有的差错。一天，总经理突然来到了她的办公室，并且对她说：“今天你穿得真漂亮，而且非常得体。”女秘书听了很是受用，但总经理马上又说：“着装也是一种能力，相信你在工作中也能发挥自己的水准，把工作做好。”这位秘书在此后的工作表现大为改进。

一个卓越的管理者必须明白：批评的形式不一定就是指责，表扬的目的不一定就是称赞。赞美、肯定、鼓励，也是一种赋能的手段。

第 9 章

98/2法则

搜罗能成事的顶尖人才

传统行业，日常工作是枯燥乏味的。每个职位，换了谁都照样运转。然而，对于智力密集型企业而言，这个规律已经被打破了。乔布斯曾经感慨："我花了半辈子时间才充分意识到，人的才华是不平衡的。我过去常常认为，一位出色的人才能顶两名平庸的员工，后来发现能顶50名。"

对一些卓越的企业来说，还真的要有超级明星机制，对顶尖人才要有求贤若渴的需求。

谁是顶尖人才？到哪里去找顶尖人才？识人、阅人，是领导者必须具备的能力。对企业领导者来说，怎样才能探测到聪明又能成事的人呢？

学历、教育、经验、智力往往是限定人选的必要条件，但不是解决实际困难的保证。

乔布斯的98/2法则

在很多行业，每个人做效能差别不大。比如你是一家快递公司，快递员就是你的关键员工，这个行业员工的能力就是呈正态分布的，员工之间效能的差别不会超过30%。

所以，很多传统的体力劳动者，对于这些领域，泰罗制几乎一用就灵。

而在某些行业，人的能力并不是呈正态分布的，而是呈幂律分布，最常见的是二八定律。

乔布斯说："大多数行业，平庸与顶尖的差距不大，好比顶尖司机与普通司机之间开车速度的差距大概是30%。普通汽车和顶尖汽车的差异大约20%。顶级 CD 播放机和一般 CD 播放机的差别大约也是20%。这种差距很少超过两倍。然而，在 IT 行业，这种差距可能超过15倍甚至100倍。"

越是对智力要求高的行业和部门，这种不平衡性越明显。任正非举过一个例子，有个公司从华为挖了一个干部过去，结果很快就把国际市场做起来了。

按照乔布斯的说法，IT 行业人才能力的分布是如此不平衡，可以用98/2法则来概括。

相应地，企业要根据自身行业不平衡性的强弱，来设计用人的层次性。

正如大哲学家罗素所言："参差多姿乃幸福的本源。"IT 行业这种极端的不平衡性，让乔布斯感到非常幸运。

所以，用人最常见的误区有两个：一是刻意强调一视同仁，以彰显公正，其实这是最大的不公正；二是眼里只有超级明星，忽视了团队的力量。

1. 发现顶尖人才

人才是有层次的。乔布斯有一个信条，那就是顶尖的人会主动寻找最棒的答案，虽然他们是最难管理的人，但是同他们一起工作是值得的。

乔布斯承认，自己的成功离不开那些才华横溢、不甘平庸的卓越人才。不是B级、C级人才，而是真正的A级人才。

乔布斯还曾与人分享体验：只要你能召集到五个A级人才，他们就会迷恋上那种彼此合作的感觉、前所未有的感觉。那种智慧的相互激荡，那种惺惺相惜的感觉，会让其不愿再与平庸者合作，只召集一样优秀的人。

A级人才会吸引更多的同类，所以，你只要找到几个A级人才，这个团队就会自动越来越大。

最重要的是，这些人都是想做事的人。你不用花太多的心思去呵护他们的自尊。自卑的人往往都是特别敏感的人，但顶尖人才不需要你悉心呵护他们的自尊心。

2. 打磨A级团队

20世纪80年代，乔布斯从惠普挖来技术团队来设计图形界面的个人电脑。

这些电脑工程师认为，乔布斯所谓的用户界面，不过是在荧幕底部加上软驱和键盘，他们还没有鼠标的概念，更没有乔布斯所谓的“科技与人文交叉”的概念。

以青年乔布斯的性格，大吵一架是少不了的了。

惠普来的工程师也很傲气，回怼乔布斯说，鼠标这种东西，要花五年才能研发出来，每个成本高达300美元。

乔布斯不相信，就去外面继续找人来设计。结果三个月内就开发出了成本15美元以内的鼠标，而且性能非常可靠。

这支从惠普挖过来的技术团队，已经习惯了吃老本。随着公司规模越来越大，他们只需要复制最初的成功，就能获得不错的收益。另外，很多人真心相信最初的成功经验，并把这种经验当成金科玉律。这件事让乔布斯对什么是人才的理解大为改观。什么是人才？人才就是能够从各种不同思路尝试解决问题的人。

乔布斯对自己看不上的方案，常常会很直接地称之为“狗屎”。当然，乔布斯不但骂人很凶，安抚人也很有一套。

乔布斯用打磨鹅卵石来比喻打磨团队。

乔布斯小时候，有个邻居老头儿已经八十岁了。乔布斯和他套近乎，想帮老头儿割草赚点儿钱。有一天，老头儿说，到我的车库来，我有东西给你看。

老头儿拉出一台旧的磨石机，接着他们到后院捡了一些样子非常普通的石头。

老头儿把石头丢进机器里，又倒了些砂粉进去。启动电源后，对小乔布斯说：“你明天来再看看。”第二天，回到车库，老头儿打开罐子，乔布斯看到的是非常光滑、带有美丽斑纹的鹅卵石。

乔布斯常用这个故事来安抚那些被他批评得很不舒服的同事，那些本来不起眼的石头，经过一段时间的相互摩擦、砥砺，变成漂亮的石头。这就像一起做事的同事，磕磕碰碰在所难免，但这也是成长的代价。

能否“成事”是人才的唯一标准

企业家史玉柱认为，所谓人才，就是你交给他一件事情，他做成了；你再交给他一件事情，他又做成了。

从轴心法则来讲，能干成事才是最重要的标准。能成事，不在乎履历与学历的光鲜，只要能做出成绩，企业就应该不拘一格地重用。

1. 辨别似是而非的“人才”

乔布斯拥有一种“庸才探测器”的本领，他总能“嗅”出谁是平庸之辈，谁是潜在天才。

乔布斯总是对产品设计提出“超纲”的要求，这也招致设计师对乔布斯的抱怨，甚至回怼：“这对我们来说，太难了，你的要求根本就是幻想！”

乔布斯也会以同样的方式怼过去：“地球上一定有能够实现它的人，你不想成为那个人，我就会找到可以实现它的人。”

乔纳森·艾维，这个一手缔造 iMac、iPad、iPhone“三件套”的设计师，当年本来在苹果不受重用，正准备离开。是刚刚重回苹果的乔布斯，一下子就探测到，这家伙就是我想找的人！

看一个人的优点，并不是仅仅靠“标签”和履历，也不能仅仅看口才和外表。辨别人才，仍然要以“轴心法则”为依归。

L 君，产业巨子，在雄厚的资金支援与人脉的协助下，取得某跨国企业支持，正式设立分公司，准备创造人生另一个高峰。

然而，在大家一片叫好声中及美国总公司整套专业知识协助下，公司却在两年后黯然消失了。

究其原因，发现主要症结在于人。

由于跨入另一个领域，因此，L君格外谨慎地挑选伙伴。学历是其择才的标准。可是，学业分数的高低，只能代表一个人二十多岁时的潜能，并不代表解决问题能力的强弱。还有一个弊端，很多高才生实际工作经验不足，做事往往脱离实际，这让公司运营成本居高不下。

另外，高薪挖掘而来的干部，在巧舌如簧的背面却是执行不力。许多的规划总在纸上谈兵后却无疾而终。往往口才过于好的人，在实际带领团队做事的时候，缺乏实干的能力。这就像孔子说的“信言不美，美言不信”。

于是虽然有资金、领导者与专业知识，然则所托非人，众多执行不力的错误终使L君退出了舞台。

文凭高的人往往都有很强的自律精神，所以，唯文凭论自有其筛选机制上的合理性。文凭是受过的科班训练的凭证，代表着悟性与“流体智力”。心理学家将一个人的智力分为流体智力和晶体智力。流体智力包括激情、悟性等，这种智力在一个人二十多岁时就开始衰退。但经验、实际动手能力等“晶体智力”，却会随着一个人年龄和阅历的增加而不断提升。高学历只代表着过去，与未来成败并无必然关系。其实，人事部招聘的出发点，和老板完全不一样。人事部求稳，而老板要求“出活儿”。

口才，是所有才华里最容易外显的才能。然而，如果用错了地方，反而是一种负资产。

三国时期，在青州有一个叫隐蕃的年轻人，22岁时投奔了孙权。隐蕃给孙权上书，信写得很不错，于是孙权召见了他。隐蕃与孙权对话，辞色严谨正然，对时局分析得头头是道。

孙权对这个年轻人刮目相看，于是问旁边自己的幕僚胡综：“这人如何？”

大概是文人相轻，胡综说：“此人辞色大处有东方朔的滑稽，巧捷诡辩有点儿像祢衡，但才学不如二人。”

孙权又问：“该给他个什么职务做呢？”

胡综："不如先安排个小官试试。"

于是，孙权派他到刑部任职，大约相当于司法系统的处长。隐蕃的社交能力很强，他的顶头上司廷尉郝普、左将军朱据等人都说隐蕃有王佐之才，为他叫屈。然而，这个隐蕃其实是曹魏派来的间谍。

口才当然是一种了不起的才华，特别是在销售、公关等领域。然而，很多其他的实务工作，更多需要的是"做"而不是"说"。这种人才如果用错位置，反而会被抱怨华而不实。

2. 旁敲侧击暴露其本性

第二次世界大战时，交战双方都派出很多间谍刺探对方的情报。根据国际公约，交战国对于对方投降的士兵都应给予战俘待遇，不得杀害和虐待。

有一次，英国军方抓到一个嫌疑人，怀疑是德国间谍，但证据不足。按照当时的惯例，只要能证实此人懂德语，就把他作为间谍枪决。但此人英语十分流利，并坚称自己不会德语，所讲的英语也十分纯正，不带一点儿德国口音。英国方面用了许多办法，都找不出此人会德语的蛛丝马迹。他们甚至故意找来一个会讲德语的人假装认人，用德语指证在德国见过嫌犯，也曾当着嫌疑人的面用德语下令把嫌犯拉出去枪毙，但嫌犯始终面无表情，毫无反应。最后，黔驴技穷的英国人已打算释放他了，在释放他之前做了最后一次尝试，就是当着嫌犯的面用德语说："没事了，你可以走了。"嫌犯听到后如释重负，松了一口气。结果——他马上被拉出去枪毙了。

在现代社会，很多人都会因为生存的需要，戴着面具做人，把自己真实的一面掩盖起来。但是，在某些特殊的情况下，本性还是会情不自禁地暴露出来，这些特殊情形包括恐惧、狂喜和巨大的利益诱惑等。上面例子里的德国间谍也算训练有素，在危机面前仍能保持冷静，抑制住自己的恐惧，听到要把自己拉出去枪毙都不动声色，但终于在狂喜之时（即将获得释放）抑制不住自己的本性，暴露了真面目。

我们看乔布斯如何旁敲侧击地遴选人才。

一次，在苹果公司的会议室里，乔布斯正在面试前来应聘的十个女人与三个男人，希望从中得出谁是最适合公司的人选。当然，乔布斯并不是要从他们身上找出一位经营管理者所必须具备的技巧与经验，而是要挖掘一些极抽象而又十分重要的品质，如活力、幽默与自信的完美结合等，以便适合苹果公司为顾客服务的卓越企业文化氛围。

苹果公司先后设立了三道面试关，其中最后一道由乔布斯亲自把关，以便从这些脱颖而出的人才中进行再次筛选，找出最适合公司的人选。乔布斯认为，一个应聘者可能会骗过一个面试者，但是，他不大可能同时骗过三个人。

这样的招聘制度看上去近乎苛刻，但是，公司的目标只有一个，就是只录用最优秀的员工。

当乔布斯在考察面前的这些新人时，他要求这些应聘者每人填写并朗读一份个人“标志”问卷，并且应聘者还得回答一些问题，这些问题似乎与具体的工作并没有什么联系，如“你曾达到的最好业绩是什么？”“你最幽默的地方在哪里？”“你的座右铭是什么？”等。

毫无疑问，他面前的这些应聘者在业务技能上都是一流的，但是，乔布斯并不只满足于这些，他总是试图从各个角度来考察这些人的忠诚度、敬业精神、对事物的洞察力等。

作为企业领导，在用人的时候很有必要透彻地了解一个人，这就需要用特殊的测心术去识人，使对方暴露真性情。

3. 迷信玄学不足取

曾国藩其实是很迷信的。曾国藩自有一套看人心法，还归纳成书，名曰《冰鉴》。这种书呢，你可以辩护为人类面相的统计学结晶，有时警方甚至会用来参考破案；也可以斥之为封建迷信的糟粕，因为有时候确实错得离谱。

坊间关于曾国藩看相的传奇故事，数不胜数。但有一则被人故意忽略，我凭记忆复述，以飨诸君。故事发生在曾国藩在集结江南大营期间。某晚，月色如水，曾国藩来了兴致，踏着月色散步。走到某个野村，听到传来琴声。此琴声不同凡响，曾国藩循声而去。看到在一个院子里，有一位白衣书生在月下抚琴。

曾国藩对此人很感兴趣，就上去交谈。此人谈吐十分有见地，且熔经铸史，十分渊博。曾国藩又看这个人的面相，认为是个非常诚实可靠的人，真可谓德才兼备。于是聘任他到军中，担任后勤要职。半个月后，此人席卷了大量黄金，消失于茫茫人海中。曾国藩怅然若失。

越是高风险的领域，越是玄学盛行。因为未来是不可控的，责任是重大的，把锅甩给神明，是个好办法。据说中国的堪舆术在华尔街很有市场，华尔街是个大赌场，玄学、巫术都有市场。

小米科技创始人雷军先生，是一位科学工作者，也是一位创投家。雷军是中国 IT 界的元老级人物，马云、马化腾都比他要晚出道好多年。据说雷军做重要决定前是要“夜观星象”的，因为他要寻找运气的风口。

小米错过的运气之一就是阿里巴巴。当年马云创业拉投资时，有求过雷军。但雷军的手下说，此人“獐头鼠目，满嘴跑火车……怎么看都是骗子”！

做创投居然要靠面相做决定！

应该对所有员工“一视同仁”吗

“一视同仁”这个成语，本意是指圣人对百姓一样看待，同施仁爱。后多表示对人同样看待，不分厚薄。

领导员工，是不是也应该一视同仁呢？

管理学中有所谓的80/20法则，又称二八法则。比如，耐克的鞋子，品类款式繁多。但在一个产品系列中，只有一两个品种是“爆款”，是企业利润的真正源泉。而其他大部分款式可能仅仅能达到收支平衡就不错了，甚至还有一些是赔钱货。

在一个企业里也一样。一个企业80% 的贡献，很可能是由20% 的人贡献出来的。如果不奖励这20%，长此以往，将严重挫伤人们的积极性。

此外，每一个员工有不同的禀赋，相同禀赋的员工又有忠诚度的差别。在这种现实之下，所谓的一视同仁，往往只是一种理想状态的标榜。

就像孔子主张“因材施教”一样，对员工的领导、赋能，也应该因人而异。

那些愿意为公司做出奉献甚至牺牲的，难道不应该给他们格外的弥补吗？而那些凡事都要讨价还价的，甚至领导还要看他们脸色行事的员工，难道还要重用？

1. 抓住关键的少数

在因和果、努力和收获之间，普遍存在一种不平衡关系。典型的情况是：

80% 的收获来自20% 的努力，其他80% 的力气只带来20% 的结果。

以格力电器的董明珠为例，在她还是一个平台销售的时候，她的销售业绩就能达到全公司的30% 左右，一个人有这么强大的销售能力，还能像普通销售员一样去对待她吗？

在科研中也是如此，一个大型科研机构，往往就是那么几个人做出了所有的发明。当然，它们之间精确的关系可能不是80/20，80/20只是其基点，方便比喻，也有利于假设。

比如德鲁克在其著作中对这一现象的提法是90/10，总之，这些数字都呈现出一种不平衡。

这个比例有时还会更极端，达到99/1。无论如何，在大多数情况下，投入与产出之间绝非我们想象的50/50，而多半还是趋向于80/20。

80/20法则首先意味着20% 的事件产生出80% 的结果，而同时80% 的成本是由剩余20% 的不产生成果的事件消耗的。这是成本与成果的不协调关系。

企业配置资源的方式是以“事件”为基础的，然而，成本与成果之间并不存在正比例关系。这一点在“灰度法则”里有详细的论述。

如果在一个产品系列中，企业按照各个产品对资源的要求对资源进行配置，而不管各个产品最终的成果如何，将会造成巨大的浪费。

最稳妥的方法，是根据其结果所呈现的指征，来倾斜资源的配置。

一家大型工程公司，以其技术服务小组的高质量和名气为自豪，这个小组拥有数百名待遇不菲的人员。这些人确实是一流的，但对他们的配置分析表明，尽管他们工作卖力，但贡献不大。他们大部分的时间都致力于解决一些有趣的问题，特别是那些非常小的客户问题，但实质上，即便这些问题得到了很好的解决，也不会给公司带来多大的效益。

同样地，在许多小公司，销售人员的配置也存在很大的问题，很多公司都将大部分销售人员，或者说是销售人员中最有才能的人员分配去推销产品。而这些产品要么已是明日黄花，要么是因为它们已经在竞争中落败，而管理者出于虚荣心仍企图孤注一掷使它们起死回生。对一些市场前景非常看好的产品进行推销的销售人员则只是整个销售人员的一小部分。许多公司对研究部门、设计人员、市场研发，甚至广告宣传工作，资源的分配方向都存在以上所说的状况，这一问题的本质是企业资源配置方式的问题，企业现在的资源配置方式是按照业务员进行资源配置的，没有考虑业务量与成果之间的关系。

德鲁克多次提到资源集中原则，关于这个问题，德鲁克强调了80/20法则，因此，领导者应该做的事情是首先设立几条管理的集中原则。

·领导者的精力应当集中于关键的少数，要善于发现20%的核心，无论是员工管理，还是项目管理、产品线、市场营销、销售渠道等。

·领导者的精力也应当集中于少数几项真正能带来商业效益的活动，其他杂事应该删繁就简。

·用人方面，要善于发现“关键少数”的核心员工。建立起自己的亲兵、嫡系，对他们进行重点栽培。

·把重要资源分配给重要项目，高级人才分配给高利润项目。

·留住20%的关键顾客，如果企业80%的利润来自20%的顾客，就应尽力扩大对那20%顾客的影响力。

·区别对待你的客户、渠道，对于那些利润薄、难伺候的客户，要勇敢砍掉。

2. 什么是才干

人无完人，这四个字可以说道尽了人力资源管理的精华。

从进化心理学的角度看，人的才能，是在长期进化中获得的一种适应能力。是在同一个生存空间内，获得不同生态位的存活能力。

就好比，同样都是肉食动物，老虎吃肉，狐狸捡漏，秃鹫就喜欢吃那些腐肉。在一个生态系统中，正是由于每个个体的生态位不同，大家才能共生。

巴拿马运河上有一个科罗拉多岛，它的面积仅仅有15㎡，也就和普通家庭的厨房加玄关的面积差不多大。然而，就是在这片狭小的土地上，竟生存着多达74种蝙蝠，为什么呢？

因为每种蝙蝠占据不同的生态位，对食物资源有着不同的要求，有的以鱼为食物，有的专吃昆虫，有的以蜜为食，有的则专门寻找胡椒的种子。

食物来源的不同，可以降低物种之间的竞争强度，也最大限度地利用了自然资源，这是造成生物多样性的主要原因。那些采取相同策略的个体，竞争最为激烈，它们只有你死我活地斗争。所以，当选择某种生态位的个体变得越来越多时，与那些采用其他生态位的竞争者相比，这些个体的生存和繁殖活动将处于较为不利的位置。

我们的祖先，在原始蛮荒社会中，尽管天高地阔，但实际生存空间并不大。只有那些能够相融共生的同类，才能互相凑合着存活下来。于是，有的人向内求，有的向外求。

就好比，在一个原始部落里，虽然适宜生存的空间非常有限，但大家发展出了不同的禀赋。有的去打鱼，有的去打猎，有的去采摘植物，有些人做了战士，还有些人做了医生……各有各的活法。

形形色色的禀赋，表现为各自不同的活法。犹如“马走日，象走田”，以不同的策略，在一个小小棋盘上相生相克。

任正非曾说，华为公司在5G技术上领先，和华为公司聘用的一位俄罗斯小伙子关系很大。这位年轻的数学家，一心钻研数学，连谈恋爱都不感兴趣。每天抱着电脑玩，也不知道在干什么。同事去看他，打一个招呼就完了。任正非给这位数学家发院士牌时，他“嗯、嗯”两声就完了。有一天，这位数学家突然告诉任正非，他已经把2G到3G的原理算法破解了。就这样，华为在无线电上领先爱立信，然后大规模占领欧洲，并在4G、5G上取得了领先优势。

如果你不喜欢与人打交道，你会以做销售为乐吗？

如果你是一个以销售为乐的人，你愿意天天坐办公室吗？

如果你不愿争论，你会变得喜欢舌战群儒吗？

如果登台会让你出汗，你羡慕每天在主席台上讲话吗？

一言以蔽之，一个人的才干是天生的，还是后天培养的？

有一句广为流传的话说：大部分人努力程度之低，根本轮不到拼天赋。

这句话其实也可以这样理解：越是尖端的工作，越需要拼天赋。请相信：

人是不会改变的；

不要为了填补空缺而枉费心机；

而应多多发挥现有优势；

做到这一点已经不容易了。

3. 发掘万里挑一的才干

生物学家做过这样一个实验：将一种叫双小核草履虫和一种叫大草履虫的生物，放入同一环境中培养，并控制供给一定的食物。半个月后，双小核草履虫仍自由地活着，而大草履虫却已消失得无影无踪。经过观察，并未发现两种虫子互相攻击，它们只是喜欢吃同一种食物。双小核草履虫在与大草履虫竞争同一食物时增长比较快，大草履虫就被赶出了培养基。接着，又做了一个实验：把大草履虫与另一种袋状草履虫放在同一培养基中，结果两者都活了下来。尽管这两种虫子也吃同一食物，但它们喜欢吃的是这种食物的不同部分，比方说有的喜欢吃叶，有的喜欢吃梗。

研究发现，越是人口密集的地方，人的性格差异就越大。这是因为，每个人都要激活自己的潜能，才能在不同的生态位活下去。

就好比一个小镇，土地有限，不能所有人都靠种地为生。所以，有些人靠做生意为生，有些人去教书，有些人从事治安工作，这样，大家都可以有饭吃，而不必都依靠有限的耕地。

所谓才干，就是一种能够产生效益的贯穿始终的思维、感觉和行为模式。其实，每种人格，都对应着一种才干。个性越突出的人，往往在某一方面的能力就越强。

每个人都有一种万里挑一的才干。然而，并不是每个人都能够发挥他的才干，即使最初他可能是因为他的才干而被挑选，但在几次改组和横向调动之后，他现在可能在做不适合他的工作。你必须把他安排在合适的职位上。

汗血马不适合长途奔袭，蒙古马不适合做表演和速度竞赛。千里马常有，而伯乐不常有。伯乐之所以成为伯乐，就是因为相马不是一件想当然的事情。在工作的领域，角色分配更具挑战性。不同的任务，需要不同的才干。你需要表演、比赛，那就用汗血马，需要长途奔袭，那就用蒙古马。

（1）奋斗型才干

· 具有自发内驱力
· 精力充沛
· 有持久的耐力
· 能够沉浸于目标的工作能力
· 对技术精益求精、争当行家里手
· 通过与别人比较来测量自身成功
· 通过追求佳绩来获得认可

（2）聪慧型才干

· 善于洞察事物的本质
· 能够客观测量业绩
· 善于根据残缺数据分析事物
· 善于在无序中发现规律
· 喜欢数字
· 善于破旧而创新

（3）领导型才干

· 为自身工作负责
· 善于统筹、指挥和协调

- 追求规范和精确
- 使用价值语言描述未来
- 将战略与执行相结合的能力
- 战略思维：善于设想各种未来方案
- 建立相互支持的氛围
- 始终看到光明
- 启发别人并获得满足
- 善于激发和活跃他人
- 善于用逻辑说服别人
- 善于发号施令
- 善于推动别人行动
- 善于使用情感来克服阻力

（4）服从型才干

- 可以将信仰化为行动
- 愿意服务他人
- 具有是非分明、言行一致的道德感
- 能够服从概率，规范日常生活和工作
- 用某些核心价值来指导生活

（5）乐群型才干

- 寻求别人赞同
- 善于判断别人的感情和观点
- 努力建立稳固的关系
- 善于建立广泛的关系网
- 善于有目的地利用关系
- 识别和关注个人特征

核心员工的界定

“核心员工”是基于二八法则的认识而产生的一个人力资源概念。

究竟什么是核心员工，每个人的理解不同。有的人认为：公司的高层管理人员和技术人员才是核心员工。但不知为何，虽然明知应当重视这些员工，但管理上仍然有不少问题。还有些观点认为：

只有创造价值的人才是核心员工。但在不同的阶段，价值很难衡量。如技术人员开发了产品，但在未产生效益时，也很难像销售精英一样受到重视与奖励，结果大家都觉得不公平。

究竟什么是核心员工？是不是高层主管和技术人才就是“核心员工”？

核心员工的界定，要根据不同的企业性质来划分。当然，核心员工还必须是那些能干成事的员工。

核心员工这一概念有两个层次：第一个层次是能成事，第二个层次是具有无可替代的优势。

假设打字员A，尽管也很高效，但A可以由许多人替代，她就不是核心员工。但是如果A不但打字快，还记忆力惊人，能够帮领导随时找到想要的文件，其他人难以替代，那么她就是公司的核心员工。

一些公司，可能并不会因为某个高管的离去而瘫痪，却可能会因为某个不起眼的员工离职，而产生了混乱。比如UPS（联合包裹运送公司），他们认为司机是他们的核心员工，因为在UPS，司机是业务运转的枢纽。

UPS为留住核心员工，倾斜了很多资源给司机，以减轻他们的工作压力。所以，并非只有企业高管、技术人员才能成为核心员工。

德鲁克举过一个关于如何留住核心员工的例子。

有一家大型社区医院，由于护士短缺，精心制定了一系列政策来安抚护士。然而，护士的跳槽率不降反升，短缺问题变得更加严重。

这是因为，安抚护士的所有措施只是让她们醒悟过来：我们是如此重要，以前医院对我们真是太苛刻了，我们本来就应该享受这些优待政策。因此所有这些政策，所起的作用只是火上浇油。

而另一家医院采取的措施，是深入调查护士的工作诉求。护士们要求："请医院不要让我们再去做与护理病人无关的烦琐杂务和文书工作。"

因此，这家医院给出的解决方案就十分简单：为每一层的病房配备一名职员，专职负责杂务和文书工作。这就使护士能够从杂务和文书工作中解脱出来，专注于大家都了解的本职工作——病人护理。这极大地提高了护士的工作热情，大家都不再跳槽了，护士不仅不再短缺，反而略有富余。虽然护士人数不多并承担了繁重的护理工作，但大家都干得很开心。结果医院大幅提高了每个护士的工资，而总的护理成本并没有什么增加。

对于核心员工，一定要给他们充分的福利和保障，帮助他们腾出更多的精力用在工作上，而不是消磨在可有可无的杂事上。这样才能留住核心员工，留住核心员工，也就意味着留住了利润。

1. 关注明星员工最公平

优秀领导者都明白，人的五根手指尚且不一样长，为了做成一件事，"绝对公平"只能存在于理想状态中。公平待人的唯一方法，是论功行赏。公平必须找准对象。他们深知人都渴望被关注。

关注明星员工，树立标杆，也是最有效的学习方法。

与企业在战略层面树立标杆一个道理，当你关注明星员工的时候，其实也就为其他人清晰地描述了你希望其他人怎么做。

一个销售经理要强迫自己经常和销售明星一起吃饭、出差、交流、切磋。一个校长要经常观摩优秀教师是怎样上课的。一个客服主管要观察那些优秀客服是怎么服务顾客的。此外，还要奖励他们，把他们树立为先进、标兵，推广他们的经验。

2. 配置优秀人才的唯一原则

很多企业都有一些才能并不出众，却忠心耿耿的员工，这些员工占据了一些重要的岗位，使真正的人才无法充分发挥其应有的才干，这其实是一个企业发展最大的阻力。

还有一个倾向是没有将第一流的人才集中使用，企业总是将他们在各种机会之间分配，以求得整个企业形式上的均衡，这就使很多关键的人力资源配置到了一些二流的机会上去。

企业要围绕机会配置人员，可以制作一份重大机会的列表，并为每一个机会评定星级。

优秀员工是企业最紧缺、最具有竞争力的资源，必须把他们分配到主要五星级的机会上去，而且让他们获得相应的薪酬。

绝不要分派高级人才去做并非重大机会的任何工作，同时也不要为了三四星的机会而专门去培养人才。

许多领导者在任用员工时会慎重，并且在处理一些重要的事务时，喜欢亲力亲为。美国著名的企业家、前斯科 CEO 约翰·钱伯斯认为，这些领导者总是在工作中想方设法减少员工的短处，而错过了利用员工的长处。

对一位瑕瑜互见的雇员，首先更应问他有什么长处，并且要学会因势利导，让他的才华得以发挥。

军队是最讲究领导力的地方，也是最讲究用人所长的地方。任正非举过一个例子：在1944年诺曼底登陆的时候，李奇微才刚崭露头角，但到了1950年朝鲜战场的时候，他已经官拜“联合国军”总司令；到1952年，他又接替艾森豪威尔任北约组织武装部队最高司令。

对李奇微的快速提拔，只用了8年。如果领导者不能够提拔先进，不只是对人才的一种浪费，还会挫伤员工的积极性。所以，企业对于顶级人才的提拔，也要不拘一格。一个人最好的年华其实非常短暂，不能等到人衰老了，才委以重任。在适当的时候，可以破例提拔，留住人才。

第10章

对标法则

对比标杆，补齐差距

如果以“成事”为轴心，那么，战略，永远是领导者第一要务。

伟大的公司都需要一个愿景。最强力清晰、有效的愿景表述就是：××公司很牛吗？我们将取而代之！

所以，若想建立强大的名声，有一个偷天换日的捷径，就是盯住一个强大的对手不放。

比如三星盯住苹果不放，华为以IBM为标杆，百事可乐盯住可口可乐不放，京东口口声声要赶超天猫。

这就是所谓的“对标法则”——对比标杆，消除差距，齐头并进。

任正非的对标策略

在华为领导者任正非的演讲中，曾多次提及“对标”这个概念。他说，华为要向苹果、三星、小米学习，但不要盲目对标他们。任正非认为，标杆的选择具有阶段性和策略性，不能过于随意。在另一篇文章中，任正非要求华为对标日本、德国企业，为此制定员工薪酬体系，打造工匠精神。

可见，对标并不是一时的意气用事，而是知己知彼基础上的战略赶超。

华为最初对标的一家公司名叫朗讯，当时，朗讯是全球第一的通信公司。华为为什么一起步就对标他们？因为华为的愿景是成为全球电子和通信领域的领导者。

当时华为势单力薄，赶超朗讯似乎是一个不可能完成的任务。于是，任正非让部下找一个细分领域，集中优势兵力，单点突破，在功能、性能、产品体验上全面超越它。

华为用对标法则，一直盯着某个标杆，不断在细分领域单兵突进，最后在该领域做到全球第一。

任正非是一个集血性、谦卑、智慧于一身的老兵，一个具有国际视野的领导者，他向西方学习，不是浮光掠影地学一些皮毛，也不是“中学为体，西学为用”式的挑挑拣拣，而是从根本上学。

IT 界的蓝色巨人 IBM，是很多卓越企业的标杆。过去二十年，华为一直在以 IBM 为标杆。无论是公司治理、产品研发、生产制造、员工管理，还是供应链管理，华为皆以 IBM 为师，甚至不惜花高价来复制 IBM 的管理模式。

1998 年，华为聘请了 IBM 公司作为顾问合作了第一个项目。

1999 年，华为公司又在研发领域和供应链管理领域相继和 IBM 合作，进行了财经管理体系和市场销售体系的变革。

只经历了短短十几年，华为就已经在通信行业超越爱立信和思科成了全球老大。

对标，可以增强凝聚力

球队通过树立对手可以增强球迷的投入程度。宗教通过排圣战，能够增强信徒的凝聚力。企业通过树立对手，也可以增强归属感和凝聚力。

1. 乔布斯对标索尼

我们不妨回顾一下，乔布斯是如何运用对标策略，一步步登顶的。

苹果最早对标的目标是索尼。

乔布斯二十多岁的时候，就立下了挑战电子消费品的老大的宏愿。当时，索尼是这个领域的老大。

名不正则言不顺，言不顺则事不利。起个好名字是第一步。苹果这个名字，就与索尼颇有渊源。

索尼的英文是 sony，既有小孩子的意思，又与 sunny（充满阳光的）谐音，非常能让人联想到愉悦、温暖。乔布斯思前想后，觉得只有苹果大概能与 sony 这个词匹敌，能够让人产生温暖的感觉。

乔布斯对索尼的喜爱，可谓走火入魔。他经常把玩索尼的产品、揣摩索尼的海报，在索尼的直营店流连忘返。这还不够，乔布斯为了能到索尼的工厂去参观，主动结交了索尼董事长盛田昭夫，与之成了朋友。

20世纪80年代初期，盛田昭夫接待自己的“迷弟”乔布斯。盛田昭夫把一台索尼 walkman 随身听送给了乔布斯。索尼对乔布斯的影响如此之大，以至于 iMac 最初的命名方案是 MacMan。显然，这是受 Walkman 的影响。

这个名字也太“山寨”了，一帮同事都觉得乔布斯太痴迷索尼了，纷纷表示不同意，最后乔布斯做了妥协，选用了 iMac 这个名字。

乔布斯原来的穿衣风格是以嬉皮士风格为主的，这次拜会盛田昭夫之行，也帮助乔布斯确立了自己的着装风格。

乔布斯发现，索尼的每个工厂都穿制服。这让美国人乔布斯颇感新奇。

盛田昭夫解释说，第二次世界大战之后，日本一穷二白，员工衣不遮体，所以工厂不得不为员工提供衣服。久而久之，企业为员工提供统一的衣服演变成了一种企业文化。

同一款式的制服，很容易将不同“部落”的人员区分开来，这种措施有利于增强企业的凝聚力。乔布斯领悟到这是一种提升领导力的好办法。

乔布斯打算在苹果公司推行这项举措。于是，乔布斯与日本设计师三宅成为一生的朋友，让他帮着设计了一些工装。结果，三宅一生给他送来了100件他设计的黑色套头衫。

然而，在追求个性化的美国，公司员工穿统一制服，当时还是一件很另类的事情。乔布斯的举措受到了抵制。

乔布斯带着这一批工装回到美国，他告诉同事们，统一都穿上这些套头衫，一定很棒。乔布斯话音未落，台下嘘声一片。

所有人都认为乔布斯的控制癖又发作了，都坚决反对这个主意。

既然员工不愿意穿这批制服，乔布斯想，你们不穿，我穿好了。一来，这是三宅一生的作品，品位不俗，可以不用每天浪费时间考虑穿什么，二来，这批制服足够他穿一辈子了，可以形成自己鲜明的风格。

2.IBM 成为业界标杆

苹果也是靠着与 IBM 对标实现腾飞的。早年间，乔布斯给苹果的“人设”是“燃烧的屠龙的少年”。

1984年，在美国橄榄球联盟的年度冠军赛播出期间，苹果公司播出了一则电视广告，广告将 IBM 描述成乔治·奥威尔小说中的“老大哥”，而苹果正是反抗者与挑战者。

1985年，乔布斯在接受媒体采访时曾表示：一旦 IBM 主导了市场，他们就会成为既得利益者，停止创新，进而利用垄断地位打压那些具有创新能力的挑战者，人类将进入长达20年的计算机黑暗时代。

靠着 IBM 贴身挑战者的形象，苹果的市场影响力大为提升。也让苹果公司的内部凝聚力得以加强。

3. 魅族与小米的对立

魅族科技的创始人黄章是一个传奇式人物，据说他连高中都没有读完，但一度做出了全球顶级配置的手机。

雷军创办小米之前，曾经以投资人的身份接触了珠海魅族，但最终，雷军并未投资魅族。

魅族创始人黄章认为，雷军是以投资为借口，打探魅族手机的核心机密并窃为己有，才能够随后顺利创办了小米科技。

黄章说："我就是这样上当的，若不是我教他，他懂什么手机？"

对于黄章的发难，雷军则认为黄章是个难得的草根创业者，我们需要用一种宽广的胸怀和爱护的眼光去看待他。

雷军承认，自己刚结识黄章的时候，觉得黄章很了不起。因为黄章属于中学没读完就辍学的人，而且从厨师做起。但雷军也觉得黄章有他的局限性。

雷军对黄章有肯定，但也颇有微词。算是解释了自己当初没有投资魅族的原因。

雷军和另一家珠海企业格力电器董明珠的赌约，从某种程度上讲也是一种对标。不论输赢，人们已经将这两家企业等量齐观了。

找对你的标杆

许多行业经过充分的竞争，会出现双雄并立的现象，比如可口可乐之于百事可乐，加多宝之于王老吉，麦当劳之于肯德基，耐克之于阿迪达斯。

原因无他，他们以双子座形式嵌入消费者心智，消费者也懒得再记新的品牌。百事可乐对标可口可乐，是商业史上最早也最成功的战略。

由于可口可乐成立较百事可乐早了几年，所以，在名声与品牌的忠实度已建立起来后，百事可乐一开始经营得并不顺利，但百事可乐并不气馁，坚持贴身战，以一拨又一拨的广告和可口可乐对标，逐渐赶上了可口可乐的销售规模。

加多宝凉茶一再强调，自己是可以“比肩”可口可乐的饮料品牌。

2012 年，一份《2012年前三季度中国饮料行业运行状况分析报告》出炉了。这份报告指出 :“昔日风光无限的饮料界大佬可口可乐公司也在罐装饮料市场上让出了头把交椅，以10.3% 的份额排于加多宝凉茶之后。”

明眼人都能看出，就算这个统计数字可信，这种比较方法也是非常罕见的。因为它只拿罐装可口可乐进行比较。罐装仅是可口可乐包装之一种，并没有把玻璃瓶、塑料瓶，以及冷饮机终端的销量算进去。

所以，可口可乐在中国市场的销量仍然远超加多宝。

尽管这个数据并不能代表什么，可是，一般大众谁会关注这些细节呢?

一些哗众取宠的媒体恨不得把标题写成“加多宝销量超过可口可乐”来以讹传讹。

加多宝方面当然没有义务澄清这个问题，而可口可乐在这方面被人“吃豆腐”惯了，往往采取不回应的策略。双方互不回应，对于大多数公众来说，仿佛是一种默认。于是乎，“加多宝销量超过可口可乐”的误解伴随着“中国第一罐”的说法越传越神。

1. 微软对标苹果

苹果率先在市场上推出了 Mac 的图形界面的概念，这让苹果公司声名大噪。然而，在商言商，创办微软的盖茨也推出了类似概念。所以，乔布斯骂盖茨是抄袭剽窃者。

乔布斯回归苹果的时候，他做的第一件事情是什么?

就是向盖茨这个跟风者低头，把公司的股份卖给微软一部分，来挽救摇摇欲坠的苹果。乔布斯拿着微软投资的时候，许下承诺自己不做办公软件。

为此，乔布斯只能布局移动互联网了，iPad 才是乔布斯真正想做的东西。而 iPhone 只是 iPad 的副产品。很多事情，就是这么因缘际会。

尽管乔布斯和比尔·盖茨合作、争斗了几十年。乔布斯临终前，盖茨去探视，两人说了很多心里话。两个人都认为自己是不完美的。乔布斯说，自己能遇到劳伦娜是多么幸运，是劳伦娜让他保持了一半的心智健全。盖茨则说，自己能遇到梅琳达也很幸运，是梅琳达让自己保持一半的心智健全。

微软和苹果的对标还会继续下去，比如微软后来推出的平板笔记本电脑产品，就是对 iPad 的对标。

2. 沉默者的策略考量

雷军曾说，似乎互联网上做手机的每个人都骂小米。一骂成名，已经成为互联网营销的常规手段。

罗永浩的锤子手机出来后，也不断地挖苦小米手机。雷军深谙对标法则，所以拒绝回应。

雷军认为，对手和你较劲，甚至羞辱你，从理性上讲都不应该回应，因为你回应，就是在帮他做对标，但你不回应，你又很痛苦。

雷军真正回应过的，除了周鸿祎，似乎只有黄章和董明珠了。

雷军特别提到了360公司的创始人周鸿祎，周鸿祎和雷军都属于技术出身的极客。当时周鸿祎也试图进军手机行业。

周鸿祎骂雷军，雷军不得不回应。针对黄章近乎辱骂的发言，雷军说自己曾经试图回应，后来黄章又找人说情，然后把所有骂雷军的东西都删了。所以，黄章让他感到很头疼。雷军说自己准备过一篇名叫《黄章到底教了雷军什么》的文章。作为出道极早的互联网老前辈，雷军就问黄章一个问题：黄章到底教的是什么？

也许是巧合，小米在打法上确实有一些魅族的影子。当初，魅族M9发售时，只在有限的几家店发售，就像大型超市只开了有限的几个收银台一样，必然造成排长龙现象。

但这种拥堵，制造了魅族热销的心理效应。后来小米的饥饿营销手法与魅族何其相似。

小米堆砌硬件参数的手法，也有黄章的影子。这一点对于小众品牌的电器来说尤为重要，这等于生产配件的大厂为你做了质量背书。黄章最初就是在广告上列举自家的MP3用了谁家的优质芯片。

还有人说，是黄章首创了"期货"模式。魅族M8手机2007年就开始炒作，每隔一段时间就"曝光"一下，两年后才批量供货，当初看起来顶配的硬件，成本也降下来了。这招也是后来很多手机厂商会用的"期货"策略。雷军认为，"期货"这件事，更多的原因取决于产能瓶颈。雷军拿"友商"华为举例：华为说他们家是现货，最后你看看他们，也被大家骂惨了，因为他们的产能比我们还差。

然而，商业手法没有专利保护壁垒，明眼人一看便学会了。黄章虽然是先行者，却没有雷军的财力与网络资源。所以，小米虽然成立较晚，却拔得头筹。黄章有苦难言，郁闷于怀。

魅族本来只是一个靠社群营销起家的小众品牌，有一群忠实的拥趸。随着魅族与小米恶斗的升级，魅族影响力也越来越大。

曾几何时，小米和魅族一直在千元机上互怼，每一代机型魅蓝和红米系列都少不了被自媒体评测比较，所以近几年来小米和魅族基本上被消费者画在了同一个维度。

但小米真正想对标的，却是行业老大苹果。

小米对标苹果

在中国，雷军和小米已经成为传奇，从来没有一家中国互联网公司成长如此迅猛。

小米最初的策略，就是与苹果近距离对标。

小米这个电子产品商标，与苹果命名的原理是一样的。小米更符合雷军的性格，温润、低调。

2011年8月16日，小米正式面世，在手机发布会上，雷军穿着黑色T恤和蓝色牛仔裤，这个穿衣风格与乔布斯高度类似。雷军站在台上的演说风格，也有模仿乔布斯的痕迹，因此，在这场发布会后，雷军多了个外号叫“雷布斯”。

须知，20世纪80年代初，乔布斯就已经是美国的民族英雄，风头不亚于今天。雷军说，盖茨曾说，他只不过是乔布斯第二而已。所以，雷军对这个外号并不觉得是一种冒犯。

疑似已经失败并远走美国的贾跃亭也曾被人叫作“贾布斯”。他们都对标苹果模式。在发布会上，他们都是T恤加上牛仔裤，以及极简主义的PPT、充满悬念的演说，甚至连淡淡的忧郁气质，都跟乔布斯神似。

从心底来说，雷军还是希望小米被贴一个“中国的苹果”标签的。小米的命名和苹果是一个思路，都是科技与人文的结合，想传达一种积极、温暖的情绪。

但雷军也承认，走苹果之路是死路一条。苹果的极简之路太难，小米要走“集大成”之路。南坡苹果第一，小米要改爬北坡，做北坡第一。

小米Mix2的发布会，不早不晚选在了iPhone8发布会的前一天。

不管雷军是有意或是巧合，但对于媒体而言，小米必须将自己的得意之作全面跟iPhone8做一个三百六十度无死角的对比了。

第 11 章

匹配法则

人得其位，位得其人

亨利·福特曾发现，工厂中的工序，可以拆解为大量的不同工作，完全可以为任何人找到一份工作，而不影响正常效率。甚至盲人和手脚残疾的人，在特定的岗位上也能有健全人一样的工作效率，可以挣到一样多的薪酬。在《泾野子·内篇》中有则寓言故事说：西邻共有五个儿子，“一子朴，一子敏，一子盲，一子偻，一子跛”。西邻这位老汉，让五个儿子中质朴老实的去务农，让机灵乖巧的去做生意，让视力有障碍的去给人算卦，让驼背的老四绩麻，让跛足的老五纺绳。结果五个儿子都找到了能发挥自身特长的生计。《西邻教子》这则寓言中，西邻安排五个儿子对号入座，各适其职的做法，即运用了匹配法则。

领导力是天残地缺的转化

完美型领导者似乎只存在于电影和传记中。电影可以艺术加工，而传记则加入了变形的回忆。

彼得·德鲁克曾说，他一生中见过很多成就突出的企业领导者。形形色色，瑕瑜互见。有些人性格外向，长袖善舞；有些人洁身自好，离群索居，甚至有社交恐惧症的迹象；有些人天马行空，创意迭出；有些则循规蹈矩，法度森严。有些心宽体胖，有些则瘦削忧郁。有些人贪恋杯中之物，有些人则滴酒不沾。有些人激情似火，有些人冷若冰霜。但这些人都是卓有成效的，都做出了了不起的成就。

领导力就是"天残地缺"的转化，就是一位不完美的领导者，带领一些不完美的部属去做成一些事。

领导力是一场持续的修炼。

即使伟大如摩西，也是在一次次挫折中提升领导力的。所谓领导力，就如同瞎子背着瘸子过河，又或者一位草莽大哥带领一帮粗野的弟兄去做成一件极其精细的事情，这就要求从领导者到团队的每一个人，都要不断进行认知升级，进而实现整个团队的"赋能"。

事实上，乔布斯身兼自恋型人格与强迫型人格两种心理障碍，且终身未能全部克服，他只是合理利用了这些缺点。

乔布斯的那些被神话了的左膀右臂，比如艾维、库克，当年都曾经彷徨无依，进退失据。

史蒂夫·乔布斯才华横溢，但青年乔布斯在成长岁月中还显得过于青涩，在领导力的修炼上还有很多欠缺。

但是，正如乔布斯的老对手斯卡利所评价的："他从这些经历中吸取到经验教训，事实上，到20世纪90年代末他返回苹果时，他已经脱胎换骨了。”

任正非是在不惑之年被人骗去巨款，犯下大错的。很多了不起的领导者，都曾经犯错，被命运暴击，是“泥坑里爬出的圣徒”。

“因事用人”与“因人设事”

领导者如何才能发挥他人的才华与潜力?

常见的方法有两种：第一是“因事用人”；第二是“因人设事”。

所谓因事用人，就是根据这个职位，来物色适合的人选来出任这个职务。

但这种按图索骥的用人方法，往往会带来一个弊端，那就是这个被选来的人，通常是一位“仅合乎最低要求”的平庸人选。

于是乎，有人又想到了“因人设事”的补救方法，就是让那些“能人”“奇人”发挥出其最大潜力。

但这样做也会带来一个弊端，这个弊端比“因事用人”更明显。因为“因事用人”是职位根据任务而定，这样做至少还能保证一定的客观性。“因人设事”则毫无法度可言，反而多了点儿天马行空的意味。

因为某个能人而设置职位后，整个公司的架构要做相应的调整，连锁反应以及不可控的风险因此产生。

由于某个人被安插，整个公司的组织架构都发生了倾斜，本来还能迷迷糊糊运行的组织，因为这种安排，变得人人都不能适应其职位了。

所以，宁可“因事用人”，也不要“因人设事”。

回到本书开头所说的“轴心法则”，所有的组织行为，都应该是为“成事”服务的，为我们的目标而服务的，而不是为某一个“能人”“奇人”服务的。

因人设事还有一大弊端，就是会引发“公司政治”，任何企业都受不起公司政治的内耗。

公司架构与人事部署，要保证公平性，否则就会凉了很多人的心，而留下来的得志者，却未必能成事。

卓越的领导者都是孤独的，他们固然希望有自己的“班底”，但这一切是以“成事”为轴心的。选拔人才是以能力为依归，而不是自己的好恶。

1922年，阿尔弗雷德·斯隆出任通用汽车公司CEO。斯隆为人热情，喜欢交朋友。但他知道，“公事以外”才能有朋友。为此，他不得不刻意与同事及下属保持适当的距离。

斯隆主张，用人问题是非常花费时间和精力的事情。如果你舍不得用几个钟头来讨论一个职位的任用问题，那么可能接下来就要用几个月去收拾因用错人而导致的残局。

通用汽车的高层工作会议，大部分都是在讨论人事决策上的问题。以这位知人善任的阿尔弗雷德·斯隆先生的风格，是坚决不会因人设事的。

当然，凡事皆有例外。

当时，通用汽车公司有一位技术牛人，名叫查尔斯·凯特林，他主张研发风冷发动机，以此替代水冷发动机。

风冷发动机研制出来后，被装配在通用汽车的雪佛兰车型里。后来，这项还不太成熟的技术引来了很多批评。三年后，通用被迫召回了雪佛兰所有的风冷发动机汽车。

于是，斯隆下令停止生产这种新型发动机。

查尔斯·凯特林希望进一步改进这项技术，但这个项目需要大量的投入，而且未必能够成功。但如果成功了，风冷发动机就会成为汽车产业的新标准。

由于这项研发所存在的风险性，斯隆不敢贸然下注。

查尔斯·凯特林感觉自己的研究成果被雪藏，设想无法实现，在通用汽车公司无法实现自己的抱负。凯特林就准备改投其他公司，并请求斯隆将束之高阁的风冷发动机技术带至其他汽车生产商那里。

这个时候，斯隆想出了一个明智的安抚策略，他开出了一个让凯特林无法拒绝的条件：以凯特林为主导，筹备通用汽车的独立研发部。这是个独立的研发部，在这里，凯特林可任性地做任何研发。斯隆还将凯特林的年薪提升到12万美元，而斯隆本人的年薪才10万美元。

斯隆的这个决策为通用汽车带来了两项利润超高的发明——乙基汽油和用于冰箱的氟利昂冷却剂，为通用汽车带来了几百万美元的利润。

由此可见，因人设事也不是没有成功的先例，凡事都要视具体情况而定。

根据能力和表现用人

有些人有能力，却不愿表现。还有一种人虽然愿意表现，却不具备能力。有能力却不愿意表现的人，很可能出于“非正式组织”的原因。比如，海底捞创始人张勇举过一个例子，某个员工擦玻璃，不但把自己分内的工作做了，还把职责之外的也做了，当他号召大家和他一起来干的时候，遭到了嘲笑：“我们不行，因为你是先进嘛！”

此外，心理学上有一个“自我挫败”的概念，也就是明明有更好的选择，他偏偏要选那个差的，或者在“关键时候掉链子”。

看过一则新闻，说某地有基层公务员因对抗上级的提拔命令，受到了纪律处分。对熟悉心理学的读者来说，这其实并不算是什么罕见之事。

比如，同样是在面对升迁的机会，不同人格者会基于不同的动机做出“自我挫败”的举动。

抑郁型人格者对自我评价往往是消极的，会因怀疑自己的胜任力而制造理由拒绝升迁。

被动攻击型人格者则是为了和上级怄气，通过不配合来“攻击”信任自己的上司。

依赖型人格者拒绝升迁，则是因为害怕承担责任。

回避型人格者是因为害怕暴露在更多人的目光之下。

边缘型人格者是一开始特别想升迁，突然就不感兴趣甚至厌倦了。

所以，有能力不一定就愿意表现。能力和表现，其实是两码事。只有那些既有能力，又愿意表现的人才可以委以重任。

中流人才的培养

杰克·韦尔奇在担任通用电气CEO时，每年都会实行末位淘汰制，开除排名倒数10%的员工。由于韦尔奇的示范效应，很多企业的领导要么忙着开除倒数10%的员工，要么忙于人才争夺战，挖到A级员工。

然而，越来越多的领导者意识到那些既不是明星，也不是废物的“B级员工”也很重要。一个卓越的企业，既需要实现绩效突破的A级员工，也需要稳定的中流砥柱，也就是B级员工。

事实上，对于很多员工绩效呈“正态分布”的企业来说，比如说“美团外卖”这类企业，它的成败与最突出和最差劲的员工无关，而是系于非流动性员工，也就是B级员工……

聪明的企业领导运用了“以B级人做A级事”的方法，来突破年龄与经验的限制。

所谓用B级人做A级事就是破格提拔经验虽不足但有心向上的干部，让他们担当更重要的职务。

杰出的领导者不会将主要精力用于四处挖A级员工。他们善于用自己企业的B级人才做A级事，以提升企业的竞争力。他们会培养自己的后备军，帮助自己的B级员工不断进步，给他们锻炼的机会，达到A级员工的段位。

人才培养是一个长期才能见结果的事情，因为你需赋能给下属，让他们的行为、思想发生改变。这件事“十月怀胎一朝分娩”，不能急于求成。

人是企业最大的资产，但换个角度来看，人也是企业最大的问题所在。尤其对经营者来说，用人的标准是什么？

其实，我们很多人都低估了员工的挑战精神。员工其实不希望任务太简单。如果一件工作随便是个人都能完成，那么它是没有什么成就感的。挑战能让人获得额外的成就感。

当然，这也要张弛有度，你不必布置得每项工作都是几乎不可能完成的任务。

如果员工不断努力，却屡遭挫败，也是会挫伤工作的积极性的。人的挑战精神需要涵养，也需要使用。偶尔挑战一下“不可能的事”对员工也是一种激励。

以 IT 业来说，总体平均年龄都很小。面对青春洋溢的员工，可谓让人欢喜让人忧。喜的是年轻人冲劲儿足，没包袱，且可塑性高。忧的则是所谓嘴上无毛，办事不牢，如此年轻的成员是否能承担重任呢？

比如阿里巴巴，最初招进企业的那批“中供系”销售铁军，现在已经分散到电子商务的各个领域独当一面了，其实一开始，他们并不被视为顶级人才，甚至中流人才也算不上，更多的被视为一群走投无路的苦命人。但经过在阿里巴巴集团的锻炼、培训，整个团队的能力、素质都得到了质的飞跃。

第 12 章

自律法则

由内而外的自我管理

领导者应学会由内而外的管理，即从独善其身到兼济天下的修炼。身为领导者，既要善于借用外力，也要善于发掘自己内在的力量。让我们从检验自我管理的角度来开启本章。

你的时间非常有限

请用一秒钟时间回答：一天有多少分钟？

如果你无法像回答一天有多少小时一样的速度回答这个问题，那么说明你还没有经过最严苛的时间管理训练。

成功的领导者都非常清楚：一天有1440分钟，24个小时。对时间管理的最佳单位不是“小时”，那太奢侈了，也不是分钟，那样就太破碎了，无法进入状态，而是“刻钟”，也就是15分钟。即使你每天的有效工作时间是8个小时，其实你也仅仅有32个刻钟。因此，做事情必须分轻重缓急。

卓越的领导者，往往都是一些精力充沛得让人吃惊的“霸道总裁”。他们是如何高效安排每一天的？

美国名将艾森豪威尔的上升速度堪比火箭，1940年，他还仅仅是个上校，1944年他已经晋升为五星上将。

艾森豪威尔曾说：最紧迫的决策通常都不是最重要的。艾森豪威尔曾经创造了一种矩阵时间管理法，又叫作十字法则。

2.重要却不紧急的	1.重要而紧急的
4.不重要不紧急的	3.不重要却紧急的

艾森豪威尔矩阵

画一个十字，或者四宫格，分成四个象限，分别是：重要紧急的、重要不紧急的、不重要紧急的、不重要不紧急的。

把自己所要做事情的清单分类放进去，优先做最重要而紧急那一象限中的事。

这个时间管理法，也深受管理学大师彼得·德鲁克的肯定。而那些造成时间浪费、节奏被打乱的事项包括：

- 冗长的会议
- 不速之客的闯入
- 骚扰电话的干扰
- 经常加班加点
- 穷于应付突发事件
- 上班漫谈、聊天
- 无法授权，事必躬亲
- 完美主义倾向
- 不考虑轻重缓急
- 凭感觉办事

对照这个矩阵，你会发现“正在忙碌”的人很多，但“真正忙碌”的人很少。盖茨回忆自己第一次见巴菲特时，发现巴菲特的日程表稀稀疏疏、大面积留白，盖茨感到很奇怪。巴菲特解释说，必须擅长说“不”，你才能去做那些真正特别重要的事情。

愚者往往不懂得合理使用时间、拟订工作计划，只会把重要的事情一再拖延、堆积成山。

永远年轻的意志

一个真正的领导者，不管外表多么平易近人，内心都是一个倔强而好强的人。任正非70多岁了，除了中午短暂的午睡，每天仍全力投入工作，其实他身上有多种慢性病。《乔布斯传》最令人震撼的，是乔布斯已经快要死了，但他仍坚持上班。网上流传有一段小视频，形销骨立的乔布斯在听汇报的时候，突然就昏过去了。正如曾国藩所说“精神愈用则愈出”，每一个“强人”，都不吝对意志的磨砺。

英国人马世民（Simon Murray）很有意思，这个瘦小的老头儿，精力充沛。他早年间家道中落，做了5年雇佣兵，然后游走全世界。

他曾经投靠到李嘉诚的门下，成为一名职业经理人，做了将近9年的“打工皇帝”。

马世民不但聪明、见识广，还精力充沛，被任正非称为最好的朋友和“永远的老师”。任正非之所以说马世民是自己的老师，主要是好奇他精力管理的艺术。“我不知道他在全世界有多少产业，怎么飞的，如何分配时间的，值得我学习的还多得很”。

任正非回忆说：“2012年9月7日，马世民在伦敦的办公室请我们吃饭，指着高1000多英尺全玻璃的碎片大厦（The Shard）说，三天前，他用绳索从那个楼上爬下来，这是奇人的又一斑。这可是一位72岁的青年人啊。”

在雇佣兵军团的整个5年服役期，马世民显然收获了很多。特别是意志力方面，如果你的意志力不行，你就无法在军队中成为领导。比如，最简单的，一次总距离长达90英里的行军，就可以把男人和男孩区分开来。在马世民已经出版的战地日记中，关于意志力的描述俯拾即是：

· 人一般是在消耗体力约三成的时候容易瘫倒——离死还远呢，这时候要靠意志力来主导，或者靠恐惧来挤出另外三成。

· 你想要队友真正接受你，当你为团队的一员，必须等到你能在行军中证明自己的能力。

领导力不是一个领导职位就能赋予的，领导者不仅要面对“我不”的挑战，也要让内部的追随者有信心。不能展示你的意志，你的职位只是一个空壳。拥有不老的意志，就是一种永远年轻的奋斗精神，这是领导者所必须具备的素质。每一个领导者应该善于管理自己的精力和意志。

在一封公开信中，马歇尔将军曾列举了成功领导者所应具备的七项素质：

· 广博的常识
· 精深的专业知识
· 身体强壮
· 积极乐观
· 精力旺盛
· 忠诚
· 意志坚定

马歇尔所看重的这七项必要素质中，居然多半属于自我管理的内容。正所谓“管理他人之前，必须先懂得管理自己”。

斯蒂芬·R. 柯维是一位著名的效能管理专家，他把高效能人士称为“强人”。柯维主张以原则为中心的领导艺术，并以此加强个人和组织的能力建设。

柯维的《高效能人士的七个习惯》被奉为效能管理的经典。在书中，柯维把七大习性分为三个渐进的过程：自我完善→社会事业的成功→自主创新。

自我完善阶段包括三大习性，即：

· 自动自发。这是自我观察、自我定位的原则。

· 以终为始。也就是牢记目标，这是自我领导、自我规则的原则。

· 要事第一。这是自我管理、统筹安排的原则。

社会事业的成功阶段包括三大习性，即：

· 追求双赢。这是基于人际关系的领导力原则。

· 知彼知己。先理解别人，再争取别人的理解，争取达到双赢的局面。

· 协同配合。这是创造性合作的原则。

· 提高再生产能力。这是均衡的自我更新原则。

而最后一个习性：不断更新。更新你的本性的四个方面：身体、精神、智力和社交。这七个习性，都是老生常谈的话题，可谓知易行难。

把精力用在正道上

孔子说：我未见好德如好色者。

性，是人类的本能。甚至在原始社会，部落之间征伐中，打胜仗的部落，都要奖励战士们战利品和女奴。

人的这种本能，在企业经营中依然残存。

一位国外大型企业集团的 CEO 退休后回忆说，在他领导企业时遇到的最大挑战是，那些新晋级的高管——也许我有点儿夸张——一旦我把某人提拔为高管，他就会觉得自己特别受女人青睐，开始在男女关系上变得暧昧了。一些企业高管会把性当作对自己功勋的一种特别待遇，这其实是一种极大的误区。

甚至一些企业家也不能免俗，有钱了，就开始向娱乐圈靠拢。有位名叫冯仑的企业家就警告自己的同行：企业家包养女明星必败！

很多古圣先贤，甚至今天的心理学家都认同这样一个观点：一个人如果能够将性方面的精力转移到其他方面，可能会取得很大的成功。

领导者如果能把精力用在正确的方向，至少会减少它所带来的负面影响。特别是在一个团队内部，如果领导者在男女关系上传出绯闻，对他的领导力只会削弱，不会增强。须知，性嫉妒是人类最原始的嫉妒情绪。动物学家观察黑猩猩群落时发现，那些获得优先交配权的黑猩猩首领，很容易遭到其他雄性黑猩猩的挑战。

某著名电商的 CEO 以霸道总裁形象，树立了强大的领导力，却在国外游学期间，被控性侵而导致“人设崩塌”，公司市值大幅震荡，实在令人扼腕叹息。

沉迷于“性”的下一步，往往是做甩手掌柜，“从此君王不早朝”，这是失败的先兆。领导者只有保持充沛的精力，参与执行，才能发现正确的方向。

有一次，拿破仑率领军队奔赴重要的战场，他与幕僚和几位法国高级元帅都骑着马，突然一辆弹药车陷入了泥沼中，致使部队无法继续前进，十几名士兵奋力想把它推出来。拿破仑看到后立即跳下马背，一起用力推，并喊道："战士们，我们一起把它推出来。"

自然地，他的幕僚和在场的几位佩戴徽章的法国元帅也加入了拿破仑的行列。最终，他们将弹药车推出了泥沼，并骑上马继续前进。后来，拿破仑的军队赢得了那场战役的胜利。由此看来，拿破仑的军队愿意追随他屡赴艰难险阻，还有什么可奇怪的呢？

不要逃避现实

巴菲特的老搭档、著名投资人查理·芒格讲过一个故事，说是有一位女士，他的儿子身体健硕、学习成绩一流。但这位年轻人某次驾驶飞机的时候出了事故，英年早逝。而他的母亲，本来是一位心智健全的女子，却从不愿意相信他已经死了。

还有很多新闻，那些明显有严重罪行的犯罪分子，他们的母亲都认为自己的孩子是无辜的，甚至觉得其还是个孩子，应该被宽容对待。这就是简单心理否定。

中亚古国花拉子模（又被写作“花剌子模”，语意为“太阳土地”）的君王有一种怪脾气，他会把带来坏消息的信使统统处死。

这其实是利用权力来逃避现实，不要以为这种情况已经绝迹了，企业领导者很容易患上“花拉子模信使综合征”。

有时，真相太残酷了，让人难以承受。所以，我们就扭曲它，将之变得可以承受。在某种程度上我们都会这么做。这是一种常见的非理性，这种非理性在企业领导者中也存在。

CBS曾经是一家了不起的巨型公司，公司的前主席比尔·佩利在他人生的最后20年，他不听任何一个他不想听到的消息。他的家人、朋友以及身边的雇员都知道，谁要是带给比尔·佩利的是他不想听到的消息，这个人就要倒霉了。这意味着领导者们把自己封闭在了非现实里，他最后20年中做出了一些愚不可及的决策。

有朋友买了一个5万粉丝的微信公众号，想以此为起点“做起来”。这5万粉丝都是真实的“活粉”，但运营了几个月依然回应者、转发者很少，效果甚至还不如很多从零做起的公众号。这其实就是犯了“绩效主义”的错误。

绩效主义，只关注KPI指标，在这位朋友的观念里，粉丝量是一个关键指标，认为有了粉丝基数，即使自己的内容再平庸，也会吸引相当比例的“粉丝”。

绩效主义其实也是另一种逃避现实，一种隐藏得更深的逃避现实。目标与指标之间，有一定的关联性。以目标为核心，以指标为参考，就是绩效精神；但执着于指标，忘记目标，就成了绩效主义。我们要有绩效精神，但不要搞绩效主义。

愤怒、傲慢、嫉妒的陷阱

孔子说："不迁怒，不贰过。"制怒，也是领导者的必修课。一旦怒火攻心，就无法做出理性的判断和正确的决策。在盛怒之下采取的决策往往是错误的，造成的损失常常难以挽回。

傲慢常常招致失败。1993年5月18日，克林顿途经洛杉矶时，准备搭乘"空军一号"外出。临起飞时，他突然决定找毕佛利山庄一位著名发型师登机替他理发。但是，由于总统的"空军一号"专机正停靠在机场的跑道上，这影响了多班客机的起飞，很多乘客因此晚点。

第二天，媒体的报道铺天盖地而来，克林顿的公众形象顿时变得傲慢自大而又麻木不仁。最后，克林顿为此事进行了道歉才算渐渐平息众怒。

嫉妒是一种常见的心理，领导者一旦怀有嫉妒之心，会因此做出有损其形象的决策。领导者通过打压有能力的下属，暂时可能保全了自己的位置，但这样做一定会损害全公司的利益。

还有一点，就是领导要控制自己的控制欲。你希望有一个事事插手的领导吗？对你的下属来说，他们也不希望有这种领导。因为这种领导是最令人沮丧，也最令人恼火的。事必躬亲，会打断下属的工作和积极性，效果往往适得其反。

吃相难看会削弱领导力

动物学家发现，黑猩猩这种灵长目动物群体内，同样存在严格的等级。雄性黑猩猩首领的职责包括：对外保护族群，对内维持秩序等。相应地，成为一名黑猩猩的首领后，会享有巨大的好处。比如，有优先挑选食物的权利，也有优先交配权等。

正是这种优先权，让黑猩猩有了多吃多占的行为。这让群内每个黑猩猩都艳羡这个位置；黑猩猩群中的低级成员总想伺机谋权篡位。少壮派的雄性挑战者总是直接或间接地发出挑战信号，试图争夺控制权。这常常导致内讧甚至伤亡。

黑猩猩首领的这种贪婪，常常导致群体内的政变。政变的领导者未必是群体里最健壮的黑猩猩，往往是那些善于玩弄权术的黑猩猩，它们得到其他黑猩猩的拥护，政变成功后，领导者和他的同盟者就会摇身一变，成为新的特权阶层。

人类的DNA中98%和黑猩猩是一样的，也有贪婪的本能。西方人以饕餮为罪，东方人虽然没这个文化，却也讲究"吃相"。

领导者考察下属的一个秘密武器，就是一起吃饭，观察他的吃相。比如盛饭，如果一个人不知"自已能吃几碗干饭"，显然会被领导者所轻视，没有自知之明的部下，难以得到重用。但这里所要说的"吃相"，其实是要克制贪婪之心。

彼得·德鲁克认为，职业经理人的薪酬明显过高，而且在美国，高级管理人员和收入最低的员工之间的薪酬比例是世界上最高的。2001年，美国企业中，CEO和非管理岗位员工的平均薪酬比例高达525：1。

孔子说得好：不患寡而患不均。过高的薪酬正是一种饕餮之罪，要想拥有良好的领导力，就要主动抵制这种诱惑。德鲁克以军队举例：即使是统领数以万计士兵、掌握数百万美元装备的高级军官，他们的年收入也不足10万美元。

任正非有过从军的经历，军事经验是培养领导力的最佳方式。过去的经历，对任正非领导力的形成起到了积极作用。虽然创立了华为这个公司，但他自己对薪酬、股份非常克制。

华为实行全员持股计划，华为公司所有权的归属是96768名持股员工，这些人要么是华为的在职员工，要么是曾经在华为工作多年后的退休员工。任正非个人在华为持有股票占总股数的1.14%。

任正非说："我知道乔布斯的持股比例是0.58%，说明我的股权数量继续下降应该是合理的，向乔布斯学习。"

第 13 章

影响力法则

领导力是一项营销工作

德鲁克对他的学生说过，领导力就是营销。

什么是营销？营销就是让别人埋单。什么是影响力？影响力就是让别人“买账”。

别人凭什么买你账，这其实遵循“互惠、等价”的基本原则。一个家庭里，孩子听谁的不听谁的，其实并不是看谁拳头硬。

公司，终究是一群人的集合。再先进的制度，也不能激活一个组织。

因为，规则之下，还会有一个非正式规则；组织之内还有一个非正式组织。

说到底，还是要靠一个领导者来激活一个组织。就好比在一个部落里，正确地开展自我营销，才能让大家认识你，进而拥护你成为领导者。所以，影响力是靠点滴累积起来的，影响力就是事实上的领导力。

影响力的本质

人类学家在南美洲丛林里发现了一个部落，这个部落的成员普遍患有一种罕见的疾病，因此，他们的寿命都不长。后来，卫生组织派来的科学家继续对这个部落进行研究发现，这种疾病和部落成员的过早死亡，与一种小蠕虫有关，它们藏匿在一种特别的木材里，而这个部落喜欢用这种木头来盖房子。

提高部落成员寿命的方法已经找到，只要搬离这个区域，或者不用这种木头盖房子就行了。于是，科学家们把原因和解决方法告诉了部落成员。

然而，问题并没有解决。这个区域和这种木头，与这个部落的信仰、风俗、文化密不可分，他们宁愿少活几十年，也要恪守传统。

这说明，对不同的人，领导方法是不一样的。这就必须了解部落成员的需求，还有他们的价值观、行事风格。然后，你才能以部落成员乐于接受的方式来领导他们、影响他们。

影响力，是一种用别人乐于接受的方式去改变别人的思想和行为的能力。

一个拥有很强影响力的人，不但能够影响下属和同事，也能影响自己的上司。如果一个人能够对很多人产生影响，那他也就有了事实上的领导力和权力。影响力的定义是用别人乐于接受的方式去改变别人的思想和行为，可见影响力的缔造离不开沟通的技巧。

威权管理已成明日黄花，聪明的领导者都懂得，做出成绩才是第一位的，至于能不能过一把当领导的瘾，根本不重要。就像一句名言说的，如果一个人自认为在领头走，却没有人追随，其实他不过是在闲逛罢了。

如果能用“非权力性”影响力激发员工的干劲儿，即使不行使权力又有什么可遗憾的呢？所谓影响力，就是以让别人乐于接受的方式改变他人言行的能力。正如当一个母亲能使原本怨言连篇、散漫怠惰的女儿快快乐乐地洗碗时，这位母亲便是懂得所谓影响力的。

从前，知识性工作的职位为数很少，读书人就业范围也相对较窄，不外乎工程师、医师和教师等几项传统的职业。一个优秀青年希望学有所用，往往只有屈指可数的几条路径，很多时候，“服从分配”往往是最稳妥的选择。

今天，已经进入信息经济时代，脑力工作的种类已经极其丰富，知识分子可以发挥价值的可能性越来越大，尤其是民营企业，都在吸收学有专精的人才。一个人完全可以找到适当的知识领域和工作项目，来配合他的能力。人们已经不必像自己的父辈一样，勉强去做自己毫无兴趣、无法胜任的工作。

但是，从另一方面来说，这一现象也表示当今的青年人反而难于选择了。关于他自己和关于他的前途，他都没有足够的资料加以了解。此外，他们又缺乏体力劳动者所具有的服从性。因此，在此情况之下，要善于为他们“赋能”，以影响力发掘他的潜能。

让我们用美国总统林肯的一则故事来解释影响力的本质。林肯服过兵役，召集过一群人投入黑鹰战役。在当时，能召集一群志愿军来做国民兵的自然就做了首领，并被授予官阶。因此，林肯就得到了陆军上尉的官衔。

从没带兵经验的林肯，根本不知道如何指挥，他也从没有受过军事训练，更不懂得何谓战术，甚至连最简单的操兵步骤也不熟悉。

有一天，林肯带着二三十人在野外行军，需要指挥他们穿过一道门到另一片田野，他却手足无措，不知如何是好，总之是一塌糊涂。

当其他军官因为显著领导能力而得到升迁时，林肯却发现自己在部队中的影响力在每况愈下。

林肯空有上尉的军阶，却无法提升自己的影响力。

后来，林肯意识到了自己的局限，就主动请辞，做了个二等兵。

这段经历让林肯深刻反思自己，终于克服了他无法影响别人的先天弱点。

退役后，他在伊利诺伊州的立法部门以及美国众议院扮演一个不起眼的角色，但是在长时间的磨炼及不懈努力之下，林肯积累的经验终于使他成为一位很有影响力并且能够带动变革的领袖人物。

不管别人怎么说，团队领导一定要有影响力，它是一种同化、引导和调控的能力。如果你不能影响别人，人们就不会跟随你；如果人们不能跟随你，你就不是领袖。

领导力的迷思

人们对于“领导者”或“领导力”有许多不正确的观念，最常见的有以下5种。

1．管理等于领导

人们喜欢把领导和管理混为一谈，就好比人们喜欢把经济和管理混为一谈一样。领导和管理的主要差异在于，领导是指影响别人来跟随自己，而管理则专指维持系统及其流程。

领导和管理是两种思维方式，领导侧重于“影响”，而管理侧重于控制。

2．企业家就是领导者

这可不一定。电视上那些巧舌如簧的推销员，比如国外有个名叫朗波·菲的家伙，他善于制造一些创意产品，像壳内打蛋器、防秃发喷雾剂之类的东西，然后在电视购物频道叫卖，此人被称为“世纪推销员”。朗波·菲确实具有创业精神，也赚到了钱，但这一切都不足以使他成为一个领导者。人们或许会购买他所销售的产品，但并不会去跟随他，他只能一时说服别人掏腰包，但不能长远影响人心。

3．有知识的人就是领导者

培根说：“知识就是力量。”大多数人相信能力是领导者的必备条件，因此，很自然就以为凡拥有知识及才智的人都可能是领导者。其实，这并不完全正确，很多出色的哲学家、科学家，他们的智商极高，但与人相处的能力极低，现代医学研究认为，诸如康德、牛顿这样的伟人，很可能有阿斯伯格综合征。阿斯伯格综合征最大问题在于理解他人情绪的困难，进而导致社交的挫败。比如，这样的小孩未交作业，老师批评他说："你的作业被狗吃了吗？"小孩会想：狗不吃纸的。因为小孩未流露悔意，老师就误以为孩子傲慢、顽劣。

有一些人固然智商极高，却不具备领导力。

4．先驱就是领导者

很多行业，都是后来者居上。不能说你是先驱，就一定有领导力。

网络上流传着一种说法。有记者问马云，为何很多人做电子商务比你早很多，但他们失败了而你做成了？

马云回答："噢，我们都是特别能演讲的人，不同之处在于，我负责外面吹牛，而家里有一群兄弟把我吹的牛实现出来。他们嘛……吹完了就是真吹完了。"

5．高级职位的人就是领导者

有关领导力最大的误解是以为领导者是以职位为基础的，实际上不然。

很多公益组织都倚重优秀的领导力。那些依赖职位的领导人，无法在义工团队中受重视，因为他没有可供掌握的筹码来制衡人群。

在其他组织中，有权位的人就有许多操控工具，譬如在军队里，长官可以使用官阶叫人顺从，如果行不通，就把人关进牢房。

在一些领域，上司可以运用工资、奖金、福利与津贴来管理下属，看在钱的分儿上，下属多半得配合。可是在一个公益组织里，你必须真正具有领导的能力，或者说，具有影响力才做得了事情。在公益组织中，所有的跟随者都是不能被强迫上场的，领袖对群众如果没有影响力，人们就不会追随。

胡佛是美国第31任总统，他有一句话振聋发聩："职位不能让一个人发挥领导力，反而是一个领导人能使职位发挥作用。"

事实上，在一个团队中，谁是名义上的领导者，谁是事实上的领导者，只有身在其中的人才能体会。一个人如果身居要职，却没有建树，迟早是要被架空的。

天时地利，不如人和

“天时不如地利，地利不如人和”，可是如何得人和？影响力使你得“人和”。在此，让我们先对“人和”有一个具体的认识。“人和”就是争取你的上级、同僚和下属的支持。唯有如此，才能事半功倍。

影响力有时候就是一种营销。马克·吐温的小说《汤姆历险记》中的男主角名叫汤姆，汤姆在粉刷篱笆时，会刻意压制内心对这项工作的抗拒，装出一副乐在其中的样子，进而吸引小伙伴们自愿把玩具、苹果交出来，以换取粉刷篱笆这件快乐的事情。汤姆所采取的，也是一种影响力。

影响力，来自个人魅力及领导艺术。

领导者不必是每个专业技术领域的佼佼者，但必须是赋予团队动力的专家。

你需要明白，自己的职责就是把各路专家“扭成一股绳”，而自己不一定非要精通什么。在一个有高度分工的年代，领导者要能让各类不同的专家整合成一个团队，这种整合的能力，客观上需要运用影响力。

当一位领导者能够让消极抵抗，甚至充满敌意的下属心悦诚服地接受任务、承担职责的时候，这位领导者就是发挥了影响力。

身为一个领导者，须知道如何通过正式的、非正式的形式，与大家建立共识、激励士气，使每个不同专业的能人，以最佳状态贡献所长。

一个世纪以前，泰勒和福特对筋肉劳动者的生产力的研究已经达到极限。未来，那些简单的、需要分派简单指令就可以完成的任务，将由机器人更好地完成。

因此，当产能越来越倚重于机器和人工智能的时候，会有越来越多的企业进化成智力密集型企业。如何与形形色色的聪明人一起工作，将大家的智慧碰撞、汇集成一股力量，这更需要一种柔性领导力，一种影响力。

影响力的核心是包容。就像任正非讲的，一个科学家可以不宽容，他只要和理论打交道就可以了；一个工人可以不宽容，他只要和机器打交道就可以了。但作为领导者，要面对形形色色有各种缺点的人。没有一颗包容之心，就无法领导有缺点的人去做成事。

这种宽容，是历经世事后的一种妥协。

职场“怪咖”的十二人格侧写

如果人都是一个模子刻出来的，用同一种办法领导就好了。事实上，现代企业是由一群人奔着一个共同的愿景组成的。这些人的人格特质各具特点，甚至有些“怪咖”员工，他们的才华也特别突出。这个时候，我们就要着眼于人的长处，用人所长，容人所短。

心理学家亚伦·贝克教授说：“每个人都有其独特的人格侧写，这些侧写由方式特异、程度特异及情景特异的反应，以不同的概率度组合而成。”这里将这些人格分类做一个简单介绍。了解一个人的人格侧写，才能真正去影响他。

1. 自恋型人格

自恋型人格者以男性居多，他们渴望来自外界的赞美，这种人格特质有利有弊。从好的一面讲，这种人喜欢追求高远的目标，做出不凡的业绩。自恋型人格者通常都富有才华，所以渴望获得与才华相称的成功。但这种人也有一个重要行为特征是以自我为中心，要求被特殊对待，即特权意识。

比如乔布斯要求自己是苹果公司编号为1的员工，当发现自己的编号不是1时，就要求自己做0号员工。对自恋型人格者而言，“我很特别”的信念是神圣不容侵犯的。然而，这种搞特殊的行事风格往往会阻碍自恋型人格者获得成功，甚至在关键时刻成为绊脚石。

2. 表演型人格

表演型人格是一种戏剧化的人格。表演型人格者以女性居多。如果说自恋型人格者把世界当作一面用来自我欣赏的镜子，那么表演型人格者则是把世界当作自己的一个剧场。

表演型人格者渴望成为注意力的中心，非常善于吸引别人的注意力，可以说是一种天生的营销型人格。比如可可·香奈儿要让自己的服饰品牌代表独立、高雅的女性。比如乔治·巴顿特别喜欢略显浮夸的装扮，让自己成为一个符号，一个勇往直前的战士符号。

表演型人格者会活在自己的剧本里，这种剧本就是他们的人生信仰。在可可·香奈儿的剧本里，她自己就是一位被富商遗弃的优雅小公主，事实上，她只是一个穷货郎的女儿。乔治·巴顿深信自己的前世、前世的前世，以及来世都是一名无畏的战士。

表演型人格者具有强大的说服力，但这种人的缺点也非常明显，比如乔治·巴顿永远管不住自己的大嘴巴。他们往往热情有余，稳定不足，轻微的刺激，就会有激烈的反应。这种人有时还会撒谎，甚至“入戏太深”，连自己都能被骗了。

3. 强迫型人格

强迫型人格是一种追求完美的人格。强迫型人格者的特质，简直是按照公司员工手册所规定的：热爱规则、秩序、计划、清单、细节和清洁。

然而，他们喜欢控制一切，任何事情都喜欢以“自己的方式”来做。20世纪中期，雅诗兰黛女士在创业期间，她坐火车走遍全国推销自己的化妆品。雅诗兰黛有时会忍不住抚摸在电梯里或者在街角上碰到的完全陌生的女人的脸。

乔布斯身上兼具强迫型人格的特质，这让他难以授权。乔布斯在青年时期，是一个著名的“微观管理者”。这种追求完美的特质，固然有造出“完美之物”的可能性，但更大的可能性是使项目陷入停滞、拖延。

4. 边缘型人格

边缘型人格是一种情绪不稳定的人格。边缘型人格者以女性居多，最大的特点是情绪不稳定，在两个截然对立的边缘之间振荡。

边缘型人格者对自己缺乏一个稳定的关于“我是谁”的认识，昨天还兴高采烈，今天就跟世界末日要到来一样消沉到了极点。对外界亦复如是，今天还认为你是世界上最好的人，明天可能就认为你是世界上最阴险的人。

这种人有时会工作干劲儿很大，给人一种很容易被激励的错觉。但有时会“自我挫败”，功败垂成的时候，突然意兴阑珊，放弃了。这也就是俗话说的“关键时候掉链子”，因为他的状态又进入了另一个极端。边缘型人格的形成，与童年时期“父亲角色的缺位”有关。

5. 偏执型人格

偏执型人格是一种怀疑型人格。怀疑自己会被伤害，是这种人格的特质之一。这种人格的好处之一是，这种人永远不会对来自外界的威胁麻痹大意。英特尔创始人安迪·格鲁夫曾说：“我笃信‘只有偏执狂才能生存’这句格言。我不记得此言出自何时何地，但事实是：一旦涉及企业管理，我相信只有偏执狂才能生存。”

这是在威权型企业家中普遍存在的人格特质。亨利·福特有一个用人原则：我宁愿牺牲50%的效率，来换取100%的忠诚。很多民营公司的领导者，都是超级独立者，只信任自己。

6. 无情型人格

无情型人格其实还有一个偏政治化的说法，叫“反社会人格”。无情型人格者往往缺乏道德良心的自我审查机制，但社会又需要这种人才。比如说雇佣兵、拳击手这样的职业，需要稳定的情绪，最好不要产生情绪的波动，不能因为对手被击败而产生愧疚之心，甚至陷入无尽的自我否定。《水浒传》里的那些“天罡地煞”，大多属于无情型人格，且不说吃人肉的母夜叉孙二娘，就连呆萌的李逵，也是杀人不眨眼的角色。

无情型人格者，缺少共情能力，即我们所说的感同身受的能力。但这种“钝感力”有时也是一种才能，可以从事一些需要冒险的、需要强大心理承受能力的职业，比如跳伞、格斗、赛车、救援等。最典型的是迈克·泰森，虽然其人凶猛如野兽，却重新定义了什么是拳击运动。

7. 回避型人格

回避型人格是一种喜欢找借口逃避的人格，用一个字形容就是“丧”。他们最大的缺点是开创性不够。他们也渴望拥有亲密的人际关系、极好的工作成就，却不认为自己有能力获得这些。他们有一种“不要轻易尝试”的信条。

由于自我评价比较消极，他们对很简单的日常工作也可能会采取回避的姿态。寻找莫名其妙的借口推迟、逃避工作。

但回避型人格者往往是忠诚的“追随者”，也就是亨利·福特所想要的那种人才——虽然效能不高，却忠心耿耿。他们绝不会轻易尝试脚踏两条船或者跳槽另攀高枝。

对于这种人，需要向他们灌输这样的观念：做一件事不需要任何前置条件，不需要任何借口，做就是了。甚至把这种观念贴到他的办公桌上、手机开机画面上、即时通信工具的“签名”上。只要给予恰当的培训、激励与考核，他们大多能完成任务。

8. 分裂样人格

分裂样人格是一种孤僻型人格，分裂样人格者与现实世界保持一种疏离的状态，他们更喜欢活在自己内心世界里。

任正非举例说过，华为公司有一位年轻的天才数学家，就爱思考数学问题，连谈恋爱都不感兴趣。其实，这位年轻人很可能有阿斯伯格综合征。阿斯伯格综合征属于一种高功能的自闭症，很多天才具有这种特征。

很多公司的CEO，都具有强迫型人格的特质，而科技公司的“极客”，都具有“分裂样人格”的特质。这类人存在某些社交能力的缺失，就像某些人天生是色盲一样。比如一个大家都可以意会的微妙暗示，他却不能理解。他们近似于大众口中说的那种“高智商、低情商”的人。

从古至今，有很多创造性的工作都需要与孤独打交道。如僧侣、哲学家、程序员、设计师、作家、学者等。对于那些需要深入探究的职业，不经过“孤绝”的体验，很难达到意识的新境界。

他们往往是单身主义者，连两性关系也吸引不了他们。领导者应该帮助分裂样人格者构筑自己专业的精神世界，让他们发挥自己的才干，而不是勉强建立亲密的关系，那样只能让大家都感觉累。

9. 分裂型人格

分裂型人格是一种介于正常人和精神分裂者之间的临界状态。

分裂型人格也就是老百姓所说的“半疯儿”，是很多大艺术家所具有的特质，比如日本的“波点女王”草间弥生。

分裂型人格者总是活在内心世界中，所以能够以一个全新的视角看问题。尽管他们会被视为怪人，但若能受到良好的教育，掌握一定程度的处理现实问题的能力，他们便能发挥出与生俱来的独创性与思考力，创造出不凡的社会价值。

10. 依赖型人格

依赖型人格，亦称虚弱人格，是病态人格的一种，表现为过度依靠别人的支持、指导、照顾和保护。比如，在工作中他无法独当一面，甚至连最简单的工作也需要他人的指导。

依赖型人格者往往都是“自来熟”，他们擅长通过模糊人与人之间的界限，来达到依赖的目的。这种“套近乎”的天赋，其实也是一种才干，那就是“乐群性”。

很多依赖型人格者有一种“关系囤积癖”，就算几十年的关系，他仍会保持联系。他们这种重感情的性格，如果发挥在外联或销售领域，往往能产生意想不到的效果。

11. 抑郁型人格

抑郁型人格是一种消极悲观的人格。抑郁型人格者对自己、对未来、对周边世界的评价都是消极而悲观的，这是一种长期的思维状态。然而，这并不代表工作能力不行。

心理学家认为，适度抑郁反而有助于提升理性。林肯和丘吉尔都曾饱受抑郁折磨，丘吉尔创造了一个词语——黑狗（black dog），来形容抑郁。林肯为了对抗抑郁，甚至把报纸上赞扬他的话做成剪报随身携带，当自己沮丧时就看一看。这两位领导者所表现出的政治理性与洞察力，都可能与抑郁有关。

很多抑郁型人格者都是完美主义者，他们工作努力，做事认真，总是有着很高的标准。但是，他们总是会看到事情不好的一面、可能存在的风险，过高估计负面影响，过低估计正面影响。这会妨碍他们在工作中发挥自己的最大潜能。

抑郁型人格者对人对己都有较高的价值标准和批判性，因此也易被激惹，经常与人吵架甚至“开撕”。

由于抑郁者对自我的评价偏低，他们身上存在自我挫败的特质。比如说，领导安排给他一个重要职务，他会认为自己不胜任而推辞。这种行为模式与自恋型人格恰恰相反。

12. 被动攻击型人格

被动攻击型人格是一种消极抵抗的人格。被动攻击这个概念，最早是出现在军队日常管理中的一个心理学术语。在军队管理工作时，它被用来描述某些士兵身上出现的不服从指挥的微妙情绪。比如说口头答应得特别好，在实际执行中却敷衍、拖延，甚至捣乱。

被动攻击型人格者，有点儿像俗语所说的“蔫儿坏”，他们通常不愿进行很坦诚的对话交流，内心充满愤怒和不满，但又不敢直接将负面情绪表现出来，而是采取只有他自己才清楚的、将事情越弄越糟的宣泄方式获得某些心理平衡。

企业管理中，这种现象更是屡见不鲜。有一种人，出了名的好脾气。然而，好脾气不代表没脾气，他们更善于用迂回的方式表达愤怒。被动攻击型人格者的内心存在一种信念：说出自己想法的风险太大。所以，他们会被动、间接地抵制权威，或表达对权威人物的挑衅。

然而，是否应该把这种人格特质归为一种障碍，存在巨大争议。在经过半个世纪的研究后，心理学家倾向于认为，被动攻击人格并不是完全的人格障碍。

化解被动攻击的最好办法，就是摸清他们的“邪火儿”从哪里来。所以，对于“蔫人”型员工，要更加注意他们内心的真实想法，公平地对待他们。要与他们开诚布公地沟通，尽量摸清他们心底的真实诉求。

这些怪咖特质，不仅存在于普通雇员中，在管理层也普遍存在。

英国萨里大学贝琳达·博德教授主导的一项研究表明：有自恋型人格、

表演型人格或强迫型人格障碍的人，在高层行政管理人员中出现的概率远远高于普通人，甚至比精神病院里的刑事罪犯还要高。于是他猜想：这些人格，可能是进化过程中为了“适应”而形成的一些特质，具有一定补偿性的优势。要知道，自恋代表着自夸，表演代表着推销，强迫代表着控制。这些特质，在工作中太常见了。

第14章

雇佣兵法则

核心人力资源绝不能外包

理论上讲，这是一个人人平等的世界。

如果这是真的，大家通过自由交换，就可以达到资源的最有效配置。那还要公司这种组织干什么？为什么还要存在雇主和雇员这种“剥削关系”？

其实，就算雇主和雇员都是平等的主体，大家在劳动力市场上可以平等交易，依然有存在公司的必要。

这是因为，如果每一单活儿都要讨价还价、签约也太麻烦了，于是就有了组织，有了长期的雇佣关系。这就节约了“交易成本”。

这就是公司存在的意义，也是企业利润之源的秘密——减少交易成本。而减少交易成本的核心，在于信任。

要建立自己的常备部队

马基雅维利因为《君主论》一书而被称为权谋大师，马基雅维利在《君主论》这本书里一再强调：国家安全不能依靠雇佣兵来实现，一定要有一支属于自己的常备部队。

如果把企业的正式雇员比喻为常备部队，那么业务外包的企业则是雇佣兵。

比如，你创办一个网购品牌，那么商品图片的视觉呈现是网购成交的决定性因素，这个时候，美工就太关键了。一开始，你可以把美工外包给设计公司，但同时一定要培养自己的美工团队。

这支设计师团队的水平会慢慢提高，并且日益精进。如果一直外包，就难以实现这种提升。

外包的东西，永远不会达到100分，80分已经是良心之作了，因为他们还有很多别的客户需要服务。你想达到理想的效果，也不是完全不可能，但你要付出的代价要远远超过培养自己的团队。

古罗马时代已经出现了雇佣兵，古罗马的整个国防，几乎全部外包给了几蛮族雇佣兵。

欧洲中世纪后期，由于采邑兵役制崩溃，兵源稀缺，领主们转而开始大量使用雇佣兵。雇佣兵团究其本质，就是一个以杀戮为营生的私营公司。所以，雇佣兵团的英文写作“Free Company”。

一些雇佣兵也形成了自己的品牌。比如法国国王只认准瑞士兵，把由瑞士山民所组成的兵作为法军主力部队使用。

近现代以来，雇佣兵这种杀戮公司的运营更加专业化。一些国家为图省事，会将自己的国防外包一部分出去。

既然雇佣兵是一种军事外包公司，逐利就是其底色。从经济上考量，雇佣兵招之即来挥之即去，可以降低国防开支。然而，小规模战斗雇佣兵还可以应对，但面对真正的战争时，雇佣兵是昂贵且不忠诚的。

有时候，聘请雇佣兵作战，等于引狼入室，他们会反噬雇主，鸠占鹊巢。

1994年，在互联网还是一片莽荒的时候，斯坦福大学毕业的华裔青年杨致远创办了第一家门户网站——雅虎。

2000年，雅虎迅猛成长，成为当时互联网世界的王者。彼时雅虎的流量位居世界第一，市值达到250亿美元。

雅虎并非从技术起家。该公司最初的服务来自人工编辑。

2000年，雅虎将搜索业务外包给了谷歌，在雅虎网站上使用谷歌的搜索技术。

杨致远在斯坦福大学的校友拉里·佩奇和谢尔盖·布林是谷歌的创始人，他们对谷歌采取了不同的发展方式。

谷歌一边为雅虎打工赚钱，一边开发了复杂的软件算法，“抓取”互联网网站，以收集内容。这是种完全自动化的方法，迅速胜过了雅虎的人工编辑方法。

雅虎本来是互联网的入口，以搜索闻名于世。但由于雅虎不愿费力投入搜索引擎的研发，将搜索业务外包给谷歌，最终被谷歌反超。

马基雅维利总结出，别国援军和雇佣军是靠不住的，只有建立自己的军队，国家才能稳定掌握在君主手中。因为，依靠别国援军形同引狼入室，很不安全；另外，雇佣军往往是为了金钱利益才组建在一起，很容易出现懒散不用心打仗的情况。

疑人也用，用人也疑

中国有“用人不疑，疑人不用”的说法，但是在我们经营实践中，常见到“疑人也用”，甚至“疑人大用”的现象。

“疑人”在当今这个信用稀缺，而且信用的价值越来越高的现实环境中已是愈趋平常了。

但是企业必然要用人，从这一点上看，“疑人也用”是企业在用人上面临的无法回避的客观现实。

安迪·格鲁夫所著的名作《只有偏执狂才能生存》中的偏执狂，就是怀疑狂的意思。

在电视剧《都挺好》里，众诚集团的蒙总就有偏执型人格的特质。蒙总为了给儿子接班铺路，诈病演了一出“引蛇出洞”的戏码。

蒙总的意外病重，导致公司人心惶惶，各路人马争权夺利。老蒙装病，甚至连老婆孩子都没看出来。

正所谓“疾风知劲草，板荡识忠臣”，在这次危机中，众诚集团淘汰了不够忠诚的高管。将威胁到公司稳定的因素肃清了。

“总有刁民想害朕”的思维，是一种自我防卫机制。那些“心大”的老板，恐怕早就被淘汰了。彼得·德鲁克说：（企业家）预言未来的最好形式是参与创造未来。偏执型人格的防卫机制，近似于“自我实现的预言”，他们会通过“引蛇出洞”，让其他人表现，就像他所怀疑的。

像蒙总这种企业领导者，最关心的就是守住自己的优势地位，所以他无法真心信赖自己的部下。就算自己忠心耿耿的徒弟苏明玉，也在考察之列。

蒙总这样的老板，更在意的是部下会不会出卖自己，会不会投靠敌营，会不会自立门户成为自己的对手。这种对安全的需求，甚至战胜了对利益的需求。为了考验妻子娘家人和集团的职业经理人，他不惜牺牲短期利益，甚至不惜将整个公司弄瘫痪。

历史上的封建王朝，开国帝王往往具有偏执型人格特质，他们肩负着清除全民公敌的重任，他们甚至会宁杀勿纵地清洗帝国的叛徒，以至于到了外敌来犯的时候，已经没有可用之将。

家族企业，往往不存在现代企业的治理结构，宛如一个迷你版的封建王国。

董事长就是“太上皇”，独裁者。企业里还有“王储”“外戚”“亲王”“弄臣”“将帅”……所有的“宫斗”元素都齐活儿了。研究组织行为，家族企业是很好的考察对象。

在一个家族企业里，亲人之间为钱撕破脸，互相谩骂、殴斗，甚至互揭老底，把对方送进监狱里的事情已经不算什么新奇事情。

对外斗争也很残酷，市场波诡云谲、风云变幻，稍有差池，富翁变负翁。

受害妄想，是很多民营企业家的人格特质。特别是一些家族企业的领导者，都会带有一些偏执型人格的特质。他们和历史上的独裁者一样，表现为敏感多疑，过分警觉。这类人往往兼有自恋型人格的特质，擅长权谋与交涉。他们不仅能理解他人的情感和欲求，还能预测出对方的反应与战术，善于设局与操纵他人。在民营企业领导者中，有不少这样的人物。

在私营企业家中普遍存在这样的人格特质。亨利·福特有一个用人原则：“我宁愿牺牲50%的效率，来换取100%的忠诚。”在福特的理念里，人是可以随时替换的配件，那牺牲的50%的效率，只要加一倍人工即可弥补。福特当然注重部下的“才”，没有工作能力，就没有效益；但最终要看他们的“德”，只有忠心耿耿才能降低管理成本。

但是，如今的很多行业，已经不是汽车工厂型的经营方式，靠人海战术基本没用。在德与才、风险与收益的权衡中，往往会错失真正能出成绩的人才。而留下的那些，往往都是平庸的人才。疑心重可以帮他们在艰险的竞争中存活下来，也可能会阻碍他们的发展。

“社会人”假设

“社会人”假设的理论基础是人际关系学说，这一学说是由霍桑实验的主持者梅奥提出来的——社会人在管理学上来说，跟经济人相对应，最先出自梅奥的霍桑实验，管理学界称它为Y理论。

古典管理学和经济学一脉相承，都把人假设为绝对理性的“经济人”。

在这个前提假设下，无疑会推导出“胡萝卜加大棒”式的管理学。是的，“胡萝卜加大棒”确实简单粗暴、行之有效，但是“胡萝卜加大棒”的问题在于，人们对物质刺激很快就会产生“抗药性”，需要更多的胡萝卜才行。长期下去企业会不堪重负。

20世纪初，以哈佛大学行为学教授梅奥为首的一个科研小组，在一个地名为霍桑的一间工厂里，通过改善工人工作条件与环境等方式，试图找到一种更加刺激生产率的方案。

这个研究小组历时8年多进行研究、对比、统计，终于发现了人类真正提高工作效率的奥秘。

霍桑实验搞了8年多，只得出了两条结论。

一、人是社会人，不是“经济人”。

二、企业存在非正式组织。

1. 有人的地方就有江湖

曾有一位民营企业的女销售，为了离家近，跳槽到某单位上班。

到了这家单位后，这位女销售发挥在民营企业时练就的业务素养，两个星期完成了别人需要一年才能完成的回款任务。

但这位女销售并未获得任何褒奖，而是遭到所有同事的白眼儿。

梅奥在霍桑工厂进行实验时就发现，一个班组为了维护群体的利益，会自发地形成潜规则，约定了谁也不能干得太多突出自己，也不能干太少，影响团队收入，并且不能够向公司告密。这就是“非正式组织”。对于这个概念，海底捞创始人张勇就经常提及，因为在服务员中，这种非正式组织非常明显。此外，在一些门店导购之类的工作中，也存在明显的“非正式组织”，其内涵非常接近于中文的“江湖”。

正所谓有人的地方就有江湖，在一个正式组织里，一定会存在非正式的组织。

现代社会是一个高度分工的社会，这使很多工作被切割为很多细小的环节，这种分工使工作本身失去了乐趣。于是，人们会本能地从社会关系中去寻求乐趣和意义。

从根本上说，人会通过满足社交的需求来实现工作的动机，并通过同事的认同获得内在的“奖赏”。比如有一位男服务员，因为在老板面前表现得过于积极，接到前台女服务员的通知：不要再追我了，我已经有男朋友了！这个服务员听到后，羞愧难当，当天就办理了离职。其实，很多时候，雇员对同事们的社会评价，比老板所给予的工作评价更重视。

2. 不要执着于“嫡系”或“旁系”

很多企业在草创时期，往往是靠“自己人”帮衬着起来的。

强调“自己人”是因为：“自己人”的第一个优点是比较可靠的，可以降低很多信任成本。

时间长了，大家都是“自己人”。而且自己人通常有恃宠而骄的毛病，往往以不遵守公司的规章制度、搞特殊来宣示自己的存在感、优越感。

然而，亲疏远近，是一个动态的过程。企业要发展，就要亲近那些能够创造绩效的员工，让能者成为“嫡系”。“外人”在经过一段时间之后，就会变成新的嫡系。

1984年，王安电脑公司的营业额高达33亿美元，如日中天。王安本人对家族外的职业经理人不信任。他一心想把公司大权传给自己的儿子，而能力更强的美国职业经理人却遭到了冷落。最终使公司业绩一败涂地。

当亨利·福特被冠以“汽车大王”的称号之后，变得日益独断专行、刚愎自用。结果，到了1945年福特二世接手的时候，福特公司每月亏损已达900多万美元。当时公司摇摇欲坠，濒于破产。福特二世重金聘请了号称“神童”“蓝血十杰”的查尔斯·桑顿，还挖来原通用汽车公司的副总裁欧内斯特·布里奇负责福特公司的工作。这些精英的加入，使公司重新焕发了生机，还推出了一款爆品“野马”轿车，销售纪录创下新高。

当然，用人仅用“外来人”，也是不可取的。许多企业迷信外来的和尚会念经，对本公司内部人才，总感觉浑身上下都是缺点，可以引进外来和尚，但也不要忘记栽培自家的嫡系，否则会凉了大家的心。千万不要因偏爱“外来女婿”，而冷落“自家儿子”。

到底要不要培养人

一些企业，由于成长性不高，导致员工流动率高，自己成为行业的“黄埔军校”。很多企业领导在谈及这些现象时，言辞间颇为介怀。

说实话，没有一个企业希望自己培养的人最后变成为他人做嫁衣！

那么，到底还要不要培养人？

首先，你要承认这个世界是不完美的。佛经上，把我们现在生活的世界称为“娑婆世界”，也就是需要容忍缺憾的世界。这个世界没有一样事物是完美的，一切都在矛盾运动之中。

一个公司，和这个世界相似，有其生命周期，要经历成、住、坏、空……涅槃重生。

创办一个公司就是召集一群人做事，铁打的营盘流水的兵，不妨设问，就算你不培养精英，庸才你就留得住吗？

几乎所有的管理者都会在作报告或演讲时强调，他们的员工是他们最重要的资产。没有人反对他们的观点，但问题是这些观点是否在被付诸实践。

其实，即使在古代，人力资本也是需要投入的，没有投入就没有产出。比如，师傅是熟练的相声演员，小孩子从小就跟着他们做学徒，通过说相声赚钱，这就是传统的师徒模式。连奴隶主也知道生产人力资本——他们教给女孩琴棋书画，可以卖个好价钱。或者训练男孩子以武艺，可以向军阀卖个好价钱。为什么现代的企业主反而不如古代的奴隶主了呢？民营企业由于人才流动率高，所以，谁都不愿为别人做嫁衣，都想招聘一上来就做出贡献的人才，所以，很少愿意对员工进行培养，更不要谈职业规划了。

一般公司的资产负债表上，显示的只有不动产、设备、库存、应收款项等类可以用纯会计学术语表示的资产，而对人力资本的问题只字未提。

一些公司，津津乐道的往往只是设备的拥有和配置，或者位于 CBD 的豪华办公室，好像只有这些才代表着实力。

其实，即使是最先进的设备，几年以后也会被时代淘汰，只能卖废品。

在一些领域，比如科技公司，核心员工是企业活动中无可替代的资源，往往一两个尖子人才的水平，就决定了一个公司在行业中的位置。任正非曾说，某公司从华为挖走一个员工，很快就把国际市场做起来了。

现实中，不乏这样的科技公司，情愿花上上千万元购买一台高科技机器，却不愿花几十万元对操作和推销这台机器的员工进行培训。这其实是一种极大的浪费。

第 15 章

金字塔法则

避开层级组织的黑洞

摩西是犹太教的创始人，公元前13世纪时犹太人的民族领导者，也是人类历史上最伟大的领导者之一。

摩西本来在埃及是一位王子，但他获得了天启，决定带领犹太人出埃及。在《出埃及记》中，摩西岳父名叫叶忒罗，是一位智慧的长者。他观察到摩西是一位事必躬亲型的领导者，一人承担所有决策、拍板、审判、断案的事情，长此以往非累坏身体不可。于是他向自己的女婿建议，可以设立千夫长、百夫长、五十夫长和十夫长，分担摩西的重任。

十夫长是一个人管理十个人，这是最小的小组单位。

五十夫长，就是一个人管理五十个人。他的实际工作是管理好五个十夫长。

百夫长是一个人管理一百人，他的实际工作是管理好两个五十夫长。

千夫长是一个人管理一千人，他的实际工作是管理好十个百夫长。

叶忒罗告诉摩西："你可以从百姓中拣选有才干的人，也就是敬畏神、诚实无妄、疾恶如仇的人，派他们做千夫长、百夫长、五十夫长、十夫长，管理百姓；大事要呈到你这里，小事他们自己可以审判。这样，你就轻省些，他们也可以同当此任。"

这其实是金字塔式组织最初始的模型。

金字塔式组织的优缺点

在100家公司里，大概有99家的“组织图”长得像金字塔。

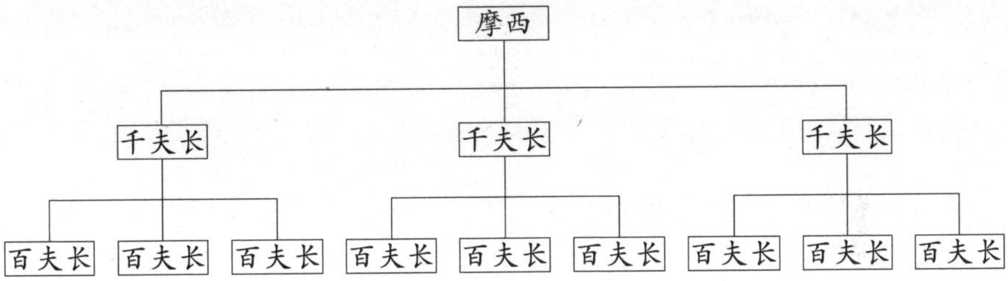

金字塔式层级组织结构图

叶忒罗的嘱咐，涉及三个重要管理原则，即分权原则、管理幅度适度原则和例外原则。

金字塔式管理因其责权利分明而成为多数公司的基本管理模式。

管理者只管理他的直接下属，并只对他的顶头上司负责，这个模式是不鼓励越级管理的，否则就打破了这种效率。

在一个金字塔组织中，官大一级压死人。不管你高不高兴、对我这个人满不满意，你都必须尊重我这个位置。做此官，必须行此礼。我只是在行使我的职位赋予我的权利。

但金字塔式管理也有其缺点——公司里一两名骨干的离职就可能给公司的正常运作造成较大冲击。如果离职者带走了一批下属，那简直可以用“人事震荡”来形容了。

从1到1000的领导力进阶

一个组织对领导者的管理能力是有客观要求的。

一个能管好10个人以内团队的人，基本也能领导好100人左右的团队，但150人是个坎儿。这也就是社会学中有所谓的“150法则”。一旦超越这个数字，面临的往往是低效和分裂。

1. 以一家连锁餐厅为例

读过一则故事，讲的是有一位莫大先生，天生是个美食家。他喜欢钻研各种菜谱，对于海鲜的烹调更有一手。他独创了几道海鲜菜肴，开了一家不大的海鲜餐厅。

莫大先生天天亲自挑选食材，亲自掌勺，亲自经营。每天自己开门，自己打烊。莫大先生的海鲜餐厅开业不久，就因独特的风味和热情的服务而闻名，客人多是回头客，莫氏海鲜餐厅门庭若市。

某日，一位老主顾孟夫子在快打烊的时候才来到餐厅，孟夫子是从本市另一个区特意赶来吃莫大先生做的海鲜的，没想到因为交通阻塞而耽搁了。

“可惜，可惜，你要打烊了。”孟夫子无奈地说，“我还是改天再来吧！”

莫大先生说：“老孟别客气，我这儿时间自由。”孟夫子听了大为感动。

这是家小餐厅，老板有绝对的控制权，可以随心所欲地下决定，因此他经常根据不同的情况而立刻自行决定处理的方法，每次都处理得很妥当。餐厅生意蒸蒸日上，莫大先生精神愉快、内心满足。

2. 莫氏分店开张

两星期后，孟夫子告诉莫大先生说有一个赚大钱的好机会来了，在市区的另外一端有一家餐厅地段很好，老板即将退休，准备整店转让。孟夫子劝莫大先生把店盘下来，稳赚。莫大先生听了孟夫子的劝告，真的以很便宜的代价把这家餐厅整个买下来，开了“莫氏连锁餐厅二号店”。

开了两家店后，莫大先生开始两头跑。

莫大先生不在的时候，他并没有授权给餐厅的师傅和跑堂的伙计来权宜处理各种发生的问题。为了便于“管理”，他写了十条采购制度，以防采购员不上心或吃回扣。但是不久之后，莫大先生发现这些采购规章限制了采买人员的权力，在紧急的时候常因为恪于规章而无法从最方便的供应商那儿进货，因此他又定了一套“紧急状况下的采购规章”。

后来，莫大先生又给员工制定了上下班考勤制度。但员工的时间是严格按照规章来的，即使孟夫子这样的常客在打烊时间赶到，伙计也会根据莫大先生制定的“规定”，立刻给以闭门羹。

孟夫子认为莫大先生对老主顾还用这一套，实在太不近人情了，何况莫大先生有今天，孟夫子还功不可没呢。

莫大先生解释说这是制度，不能任意破坏，否则整个餐厅就没办法管理。在孟夫子心目中，莫氏餐厅已经失去了以前那一份邻家小店的亲切感。菜肴的品质也大不如前，他已经不再喜欢这一家餐厅了。

3. 管理能力的挑战

以后，莫大先生又开了两家分店，拥有4家连锁店的他，更不能花时间来亲自监督了。于是，他又借鉴别家的快餐店，制定了一系列的管理制度，以便于店员们处理各种偶发的情况。

莫氏餐厅的连锁店越来越多，莫大先生也越来越少参与执行。所有的执行步骤都是照章办事，公司已经可以自己运转了。

在莫大先生所雇用的员工中，有四分之三都是餐饮业的门外汉经过简单培训上岗的，他们只负责执行规章条文，或遵照规章条文行事。规章、表格和标准化工作程序越多，莫大先生对生意的控制力就越少。

餐厅里的菜单都是标准化的，做出来的食物也是一成不变的。顾客也不会再为莫大先生的菜而赞口不绝。总之，莫氏海鲜餐厅的一切都已经标准化。莫大先生本人则成为一个标标准准的组织人，每天坐在办公室里经营着他的企业王国。

“企业成长，不就是壮大规模吗？”很多企业领导都会这么问。这可不一定，为啥？壮大不等于增强，更不是盲目开设分店、增加人员，提高专业品质也是增强企业竞争力的好办法。

当然，规模的壮大是无可厚非的，但是要建立在管理能力和人员素质提升的基础上，盲目地增大规模，无疑会增加组织的“交易成本”。有的企业一味“跑马圈地”，急于全面占领市场，却导致了管理品质的下降。不少企业曾经犯类似的错误，随意地进行扩张，结果是“其兴也浡焉，其亡也忽焉”。

管理幅度适度原则

商学院教科书在讨论管理人职位的涵盖应有多“大”时，会引入“管理幅度”的概念。意思是说：一个人管理他人，只能够按一定固有比例管理很少数的几个人。

所谓“管理幅度适度”的原则，是说管理人之下应有多少“必须会同工作”的下属。因此，问题不在于人数，而在于“关系”的数目。

一家公司的CEO，下辖若干位高级执行人，每一位执行人各负责一项重要职能。这样的直接下属人数自应有一个限度，通常以7~10人为宜。那是因为这些高级执行人，或为财务总监，或为营销总监，或为生产总监等。他们每一天都要协作配合，公司才能运转。这些部门的负责人，有些事情还要请示CEO最终拍板，因此，处在这个位置的CEO，即使直接下属很少，其人际关系也堪称复杂。

但是在另一种情况下，如西尔斯·罗伯公司的一位地区副总裁，其直接下属分支店经理的人数高达数百人之多，为什么呢？那是因为纵的方面分支店的经理享有充分的自主权，可以“各行其是”；横的方面，分支店经理之间不必有太多的相互往来。

所谓“管理幅度适度”往往是假定管理人只有“对下关系”。事实上，每个职位还要对上负责，而且上级主管往往不止一位——虽然公司的组织架构图上只有一位。

管理者还有一层横向的平行关系——对既非其上级主管，又非其下级部属者之间的关系。一些知识型管理者，往往会忽略横向关系的重要性。尤其会忽略他们与市场营销部门的关系。

因此，在设计管理职位时，考虑各种管理关系，使其不超越一个人所能掌握的能力范围，至少与考虑该职位的特定职能是同等重要的。

同样的道理，管理责任的幅度不宜太宽，也不宜太窄——与其失之于太窄，倒不如任其失之于太宽。

1. 一职一官，一官一职

有句玩笑话说：一山不容二虎，除非一公一母。事实上就是如此，一个家庭，如果夫妻俩一样强势，就会有两个当家人，那么，做事就难以决断。一个鸟巢里如果有两只雄鸟，他们就会天天争斗。一个团队有两个拍板人，就会发生“办公室政治”。“一栖两雄”“一家二贵”和“一职二官”也是同样的道理。

韩非子对如何用人也有过精辟的论述。韩非子主张在选用主要领导问题上，要求一职一官。他认为，最好每个官职只设置一个官员。

一职多官，还会造成相互扯皮、诿过、争功，互相打小报告，使绊子。工作的重心全部放在内耗上了。所以，一职多官是一种低效的职位设计方案。如果每个职位只配置一名官员，那么，他的是非功过就会暴露无遗。一职一官，责任明确，从而功过分明。而功过分明，是落实准确赏惩制度的前提。

双头鸟、双头蛇，都是基因变异的产物。人类组织和动物界一样，一个身体有两个脑袋，就是个怪物，就难以生存。

2. 将能而君不御者胜

《孙子兵法》中有句话：“将能而君不御者胜。”讲的是充分授权的重要性。

英国之所以能够对印度进行殖民统治长达200年之久，其重要的一个原因是：英国在印度建立了一个最高行政机构——印度民政局。

印度民政局中的那一批白人青年，治理着整个印度次大陆。在经过一段短期训练后，这些缺少训练、毫无经验的青年便成为各个区域的“领主”了。

他们手中所掌握的地区，论面积和人口，足足抵得上欧洲的一个小国。他们治理那些地区，全凭自己，他们的上级几乎没有给他们任何指示和督导。但是，他们之中大多数人干得不错，而且成就了一番事业。

英国在印度建立的这一套管理系统，自然是一项成就，是一项“中层管理”的成就。

正因为有这一成就，才能在没有“高阶层管理”的制度下度过了200年之久。

为什么能抵消没有高阶层管理的缺失？

乃是由于以任务为基础的授权。

这些年轻的管理者所承担的职务极其巨大，也极富挑战性。他们的职务领域广阔，足以吸引一般人的兴趣，足以使人承担多年而不倦。

他们的职务，是他“自己的”职务，而不是“协助”任何他人。他们承担了付托，也承担了责任。有关职务之如何组织，全凭他们决定。绩效标准极高，且毫无让步的余地。

管理一家公司也一样，一位管理人的职位，应以任务为基础，使管理人力求完成其任务，以完成公司的目标。

然而，企业在实际经营中，还会存在很多不拘一格的方案，但这一切都是以“成事”为轴心的。

3. 警惕用头衔做奖品

在美国及德国的商业银行中，几乎每个人都该是“副总裁”或“经理”，其实他的实际工作可能只是一名接待员。

当然，商业银行之所以如此，是出于实际业务的考量，比如，一家中小企业的高管来到银行，如果对方派一位“经理”来接待自己，这位高管就会觉得自己很受重视，甚至会当场就决定在这家银行开户，以后企业的钱都存在这家银行了。

那些接待员如果得不到经理的虚位，也会心生不满，因为银行耽误他开拓市场，与客户建立关系了。

所以，职衔被滥用，是一个非常常见，又无法根除的事情。

把职位当奖品，还有一层实际考量，就是用来弥补过低的薪资。

比如一位采购员，可以发给他一个采购经理之类的虚位，“惠而不贵”，他觉得自己受到了尊重，也便于他出去开展工作。但这样长期以来的弊端也是明显的。

在1861年春天的时候，太平天国的封王还只有十几个。后来却越封越多。到天京失陷时，封王达到了2700多人。

太平天国乱封王，其实是拿爵位当奖品了。这种爵位的通货膨胀，对前期有军功者是不公平的。此外，职衔用来作为一项奖励，还将使在职者因为没什么事可做而无责可尽。这最终导致了太平天国战斗力的减弱，从而加速了太平天国的灭亡。

1864年，李秀成被清军抓获后留下了长长的自述，在他的自述中罗列了太平天国运动之所以失败的十大失误，其中有四个失误涉及选拔、任用、考核官吏的政务，其中更是着重强调：“误封王太多，此之大误！”

因此我们应该记住一条规则：谁有杰出的贡献，就给谁优厚的待遇。但是，职衔这个东西，还是不要轻易赠送为好，除非是他的职能变了，否则不要轻易变动。

尽管职衔的短期激励效果很好，但就长期而言，对组织机体是一种侵蚀。会带来整个科层组织的迷惑与混乱。

在层级组织的职位设计上，我们要避免一味拿职位当“奖品”。激励与肯定员工的手段有很多，比如物质激励、精神激励、旅游休假等都是不错的选择。有的企业喜欢随便给员工经理、副总之类的头衔，从短期来看，这是一种相当便宜、有效的激励手段，但是从长远看，组织将为此付出代价。

4. 警惕“守寡式职位”

一个职位，如果换了几个人都不能胜任，这个时候就要考虑，是不是职位设计出了问题。“守寡式职位”这个概念，来自大航海时代。

19世纪中期，几乎每一家航海公司都出现“守寡式职位”。

每当航船出现海难的时候，航海公司不是对船进行改造，而是撤掉船长，换一个新人。

然而，新来的船长依然会有“失职”问题，于是又被撤掉。每个新来的船长都不胜任，都在这个职位上“死去”了，这个职位就像一个传说中克夫的“黑寡妇”一样。

终于有一天，某个船主醒悟了。他知道：换再多的船长都没用，再这样下去，必将有一天他会根本没有船长。

守寡式职位，就是这个职位设计有问题，使任何人都无法胜任这个职位，都避不开失败的结局。

许多公司都有这样的职位，明明是一位很能干的人才，只要到了这个职位上，一定会莫名其妙地出事。这种“守寡式职位”，看起来挺像回事，职务结构似乎很是合理，似乎应该是能够好好地干下去的——可是谁都干不了。

当一个职位接连两任领导者都出现问题的时候，那么此一职位便该检讨了。

还有一些公司喜欢参考同行或者更大公司的组织架构，模仿这些公司进行职位设计，最终由于“水土不服”，导致守寡式职位的产生。这并不是职位上的人的问题，而是因为这个职位本身的设计有问题。

一些快消品公司也有类似的情况。

美国宝洁公司的例子很典型。这些公司都设有一个“营销经理”，还设有一个“销售与广告经理”。

按道理说，销售和广告，本是营销业务的一部分，因而这两个职位应该合并为一个才对。

然而，有实际运营经验的人都知道，这两个貌似同类的职位，并不能合并。

搞营销的人有句口头禅："营销就是要让销售变得多余。"

其实，营销的目的着力点在于商品，而销售的着力点在于顾客。

两者同等重要，只是目的不同，故须"兄弟登山，各自努力"才好。

"守寡式职位"，往往是无心造成的。也许偶然有那么一位经理，既懂营销，又懂销售。于是便设置了这样一个职位，而且做得有声有色。

于是，后来者会想当然地以为，这个职位具有天然的合理性，它就应该这么设置。其实，以前的胜任力与合理性，纯粹是一种偶然。

避开金字塔的效率黑洞

众所周知，金字塔式科层组织，存在不少“效率黑洞”。为了克服这些问题，很多企业都做了不同形式的探索和改良。比如华为，实行的是“轮值CEO”制度。

还有一些企业，打造一种越级管理的文化。一家IT公司要赶一个项目，老板叫来项目经理，希望他采取各种办法赶进度，项目经理表示很难做到。老板倒也没有强人所难，而是把项目部副经理叫来了。老板与项目副经理的接触，使项目经理感到了压力，于是他很快就转变态度，向老板表示能够完成任务。

1. 职位设计不宜强调“升迁”

如果一个人能长期愉悦地在自己的岗位上发挥所长，那么这个职位的设计就是合理的。如果一个人被安放到一个职位上，他必须通过升迁才能获得满足，那么这个职位设计是不合理的。如果一个公司以升迁为奖品，那实在是一件非常危险的事情。因为所谓晋升，通常仅有少数人能够享有，大多数人必将失望。因此，以晋升为激励的职位设计，绝不是好的职位设计——无论是“年资式晋升”“提拔式晋升”，还是管理者才能发展的晋升，莫不皆然。

事实上，已故管理学宗师彼得·德鲁克对此早有洞见。以下论述，可谓字字珠玑：

> ·以“升迁”为激励的职位设计，绝不是好的职位设计——无论是待遇结构的“升迁”，赏识拔擢的“升迁”，还是管理人才能发展的“升迁”，莫不皆然。

· 管理职位的设计，注意的重点应该是“该职位”，而不该是“另一个更高的职位”。

· 一个机构如果升迁得太快，只要有一点儿什么成就，便能以升迁为奖励，那实在是危险不过的事。

· 等到“升迁的热潮”升到顶点了，整个工作群体便将受到挫折和失望了。

· 升迁快的人，没有升达高阶层，必将发现自己仅能够“追随高层诸公”之后，而“高层诸公”，也并没有什么了不起，只不过是早几年进入公司服务而已。而另一些不幸刚在“升迁热潮”高达顶点前后进入公司的“后辈”，也必将期望自己也能够像他们的“前辈”一样迅速升迁——那是必然归于失望的。

如果职位以升迁为重点，还将造成年龄结构的不平衡。年龄结构过于年轻化或老龄化，都会造成组织上的紊乱。须知，一个管理结构，少不了应具有“连续性”及“新陈代谢性”的条件。

管理结构之所以需要“连续性”，是为了防止有一天公司不得不将大量的富有经验但年事已高的管理者全部换成新人。管理结构之所以需要有“新陈代谢”，则是为了吸取新的观念，为了增加新的面孔。因此，一个群体年龄相同的管理团队，将不免是一个走向危机的管理团队。但是，如果真是大家年龄相同，则大家都年轻反倒不如大家都年老：危机总是要来到的，大家都年老，则危机可能来得较早，也能去得较快。

2. 盲目提拔引起的人才错位

“宰相必起于州郡，猛将必发于卒伍。”这是韩非子的告诫，也是自古以来选拔人才的金科玉律。把基层实践经验作为选拔干部的重要条件，无疑是非常正确的。但是，韩非子只说出了真相的一半。

“宰相”“猛将”的提拔依据到底应是什么？

应该是他们在长期实践中所表现出来的特殊禀赋、才干和潜力，而不是他们在基层的“政绩”或在战场上的杀敌枭首数字。

干部的遴选，除了必须有韩非子所说的基层经验，还必须同时满足另外一个条件——具备管理素质。

事实上，并不是所有在基层有成绩的人都具有管理素质，也不是所有把基层工作做得好的成员都真正适合“当官”。

一些跨国公司意识到了这个问题，在优秀的技术人员担任管理职位之前，必须接受一定的工商管理教育。

许多高层领导者容易产生一种似是而非的观念：把晋升与提拔，作为对部属能力肯定与奖励的最好形式，只要基层成员有了点儿绩效，就给予晋升提拔。

晚清，军备废弛。关键不在于装备，而在于缺乏懂得现代战争的将帅。比如著名的北洋水师，许多军官余勇可贾，但他们多是陆军出身，根本不懂如何指挥海战。

这些陆军出身的将领是因为军功而被提拔的，却不具备海军军官所必需的特殊禀赋、才干和潜力。这些军官的选拔机制出了问题，他们的晋升并非基于实战。

3. 不胜任的就要调离

第二次世界大战时，马歇尔将军是这样处理不胜任问题的：一位将领如果没有特优表现，就必须马上调职。

马歇尔将军认为，如果不调离他，必将使其属下的官兵缺乏足够的战斗力。但是也有人会反对说：“将领被调走，我们找不出继任人选了。”

而马歇尔将军并不理会这类意见。他说：“我们重视的，只是这位将领不能尽职，至于从何处去物色人物，那是另外一回事。”

在这个复杂、虚矫的社会里，面对太多的不胜任，多数人也只能无可奈何地摇头苦笑而已。

不胜任是如此之普遍，我们已能顺其自然、见怪不怪了。但是，这些现象却引起了美国的组织行为学专家劳伦斯·彼得的兴趣。

彼得先生从多年的研究观察中发现，现行的组织结构大多是层级式的组织，在基本上就肯定了其成员有高低之别。这种身份上的歧视，使组织中的每一个成员都想拼命往上爬，以逃离基层。而组织结构的领导者也利用晋升来作为部属努力工作的“报酬”，鼓励组织结构中的成员往上爬。

在这种结构与心态下，“往上爬”成为人人追求的目标，能力的发挥与人格的发展倒反而被忽略。

有一位军官为人不拘小节，却深受部署爱戴。当他因此晋升后，他的不拘小节却反而成为高层同僚厌恶的根源。

有一位不喜欢与人打交道的工程师喜爱钻研，总能不断发明新的技术。当他因此晋升为经理，他已经沦为一位技术官僚，再没有精力去搞真正喜爱的科研工作，却不得不从事自己并不胜任的管理工作。

一些刻板守纪的学生，在学校往往被评为优等生。当他们因此被一些机构聘用时，却难以胜任需要创意的工作。

在观察了人们的不胜任行为多年后，彼得博士归纳出了他的彼德原理：在一个层级组织中，每个员工都趋向于晋升到他所不能胜任的地位。彼得博士进而预言，假设给予足够时间——并假设层级组织中有足够的阶层——每个员工都将到达并停留在他的不胜任阶层。这个预言像个诅咒，每一个与层级组织相关的人，都值得警醒。

彼得原理指出，所有的职位终将被不胜任者所占据。

一个能干的业务代表，被晋升为业务经理，晋升之后，能力不足以计划销售工作，才德不足以领导部属，手段不足以协调部属的纷争，其结果可想而知——把业务部门搞得一团糟。

一个工作认真、技术纯熟的工人，如果晋升为领班，很可能会因为没有管理的经验与能力而弄得手忙脚乱。

彼得原理认为，每一位员工被升迁到与自己能力不相称的级别，这会断送了他们的职业生涯。

既然如此，层级组织真的就一无是处吗？进取的价值观是错的吗？推动社会发展的动力又是什么呢？

事实上，德鲁克把这个劳伦斯的“彼得原理”直接斥为“一派胡言”。德鲁克认为，一个人也许不能胜任某一岗位，但在其他岗位上可能表现卓越。

没有层级组织，我们将陷入更大的无能；锐意进取，仍将是普世价值。

身为一个企业领导者，如何使您的员工避免走入这种“不胜任”的死胡同，如何引导员工使他们每一个人都能够安于其位而尽其所能，这是管理上一个相当迫切的主题。

反过来，对于一位主管来说，长期在他的位置上没有突出的表现，就要考虑将他调岗，应该不顾情面地将他调离。

如果让一个混日子的平庸之辈留在那个岗位，长期以来必将影响全员士气。

正如马云讲到，对于那些创业型公司，成败取决于你能聘请什么样的人；而对于已经成长起来的公司，成败取决于你开除什么样的人。很多大公司，都存在一种“老白兔”型员工，出工不出力，更严重的是，他们会把这种作风传染给更多的同事。

在一个关键岗位保留一个不出成绩的中层领导，不能带领团队成事的人，对公司来说不公平；对于他的下属而言，则更加不公平。

这是因为中层领导无能，就等同于剥夺了团队其他成员发挥才干的机会。

其实，对于长期处于那个位置上却不胜任的中层领导来说，也是一种煎熬。不论他是否承认自己的不胜任，但那种不胜任的折磨却是如影随形的，将他转岗使用，对大家都是一种解脱。

第 16 章

巴别塔法则

组织规模与效率的平衡

“企”无人则“止”，从根本上讲，人是企业最重要的资源。然而，人是不是越多越好呢?

答案是否定的。

搭建一个组织，存在着一个巴别塔诅咒。

巴别塔，又称巴比伦塔，是公元前586年位于古巴比伦王国的一座古巴比伦高塔。“巴别塔”之名来自犹太教和基督教经典《圣经》的《旧约·创世记》第11章1~9节。说的是，大洪水之后，人类为了“传扬自己的名”，要造一座通天塔，而上帝则变乱了他们的口音，使他们彼此语言不通，这样一来，他们就无法合作施工，通天塔自然也就坍塌了。

在希伯来语中，“巴别”是“变乱”的意思，于是这座塔就被称作“巴别塔”。

企业规模达到一定程度，各种沟通成本、管理成本会无限膨胀。如同造一座摩天大楼，并不是越高越好，因为大厦高到一定程度，除了电梯等辅助系统外，几乎再无使用空间了。

公司也一样，那些巨无霸型的企业，往往各领风骚十几年，然后就为商学院贡献了一个失败案例。

人多未必力量大，人多未必是好事，达不到目标通常不是因为人不够，而是人太多，企业用人，切勿盲目堆砌人力。不但要学会用人的加法，还要学会用人的减法，变粗放式用人为集约式用人。

效率跟不上，可能是人太多

任正非在华为内部曾直言：冗员要学会自寻出路，发挥自己的才干。任正非对冗员指出了两条路：第一种是在内部人才市场找工作，如果没有部门愿意聘用，那就每季度降低一次工资；还有一种出路，就是他们组成“敢死队”在新项目上放手一搏，这种内部创业如果成功了，还能被提拔当“连长”。

任正非的做法，是很多成功企业所采用的。有过管理经验的人都明白，任何群体的佼佼者都只占少数，无论是工程师、医生还是教授，你必须录用和培训一大批平庸者，才能得到一名佼佼者。

管理学家彼得·德鲁克曾经很多次引用他的一个朋友——一个研究主任说过的一段话：“能胜任其职的研究人员数量的增长仅仅有全部研究人员增长数的平方根，而能够持续保持优秀业绩的研究人员的人数的增加，仅能达到全部研究人员增长数的立方根。”

也就是说，你想要招到一个优秀的员工，可能要招聘十个平庸雇员才能出现。

德鲁克引用这段话旨在阐述一个事实：在资源配置中不仅要强调数量，更要强调资源的质量。

比如，一个企业可能吹嘘他们投入了多少人力进行新产品的研发。然而，这80% 的研发人员可能都不是研发部的关键人员，而仅仅是一些研究助理，关键研发人员的精力还是被限于对一些前途无望的产品的修修补补上。

这种现象在很多企业都有，所以不能仅仅通过资源的数量来看待资源配置问题。特别是对于知识资源而言，数量几乎是毫无意义的，倒是它们的质量是更为重要的。而对于流动资金和促销费用而言，用于何种用途的重要性，至少与它们的数量一样重要。所以，预算数字或人员配置表之类的定量和量度，充其量不过反映了一个小局部的状况。

机构膨胀的原因及后果

诺斯古德·帕金森是英国历史学博士。1958年，帕金森教授悟到了官僚主义的症结，于是写了一篇《帕金森定律》，发表在了《经济学人》上。

帕金森教授认为，官僚主义者喜欢通过扩大下属机构，来抬高自己的身价。

因此，一个金字塔形的科层组织，总会倾向于无限增大。

在《帕金森定律》一书中，帕金森教授指出，一个不胜任的管理者，可能有三条出路：

- 退位让贤。
- 聘请一位能干的副手协助自己。
- 聘用两个无能之辈当助手。

主动请辞是绝对不可能的；任用贤能会威胁到自己的位置，那只好请两个笨蛋来协助自己了，一来显得自己英明神武，二来不会对他的权利构成威胁。这两个笨蛋又有样学样，再聘请两个笨蛋协助自己。这样一来，相互扯皮、效率低下、臃肿不堪的科层组织就诞生了。

物理学上有所谓熵增的概念，是说世上一切事物发展的自然倾向都是从井然有序走向杂乱无章。尽管自然科学与社会科学并不相同，但组织越大，也有一种类似熵增的效应。管理学中有一条著名的“苛希纳定律”与之相映成趣：如果实际管理人员比最佳人数多两倍，工作时间就要多两倍，工作成本就要多四倍；如果实际管理人员比最佳人员多三倍，工作时间就要多三倍，工作成本就要多六倍。

一个组织要想提高工作效率，就要“对抗熵增”。任正非说，华为长期推行的管理结构就是一个“耗散结构”。

什么是耗散？打个简单的比喻，就是减掉组织肌体上的赘肉，这样就不会有高脂血症、糖尿病。

尽管很多人说对华为公司很忠诚，但任正非非常清醒，这种忠诚是建立在华为公司高薪酬的前提下的，这种金钱的刺激不具备长期的可持续性。

通过耗散，才能达到组织的最佳规模，并在管理工作中贯彻下去，这样的组织才能成为一个高效的组织。任正非甚至说，要把对企业的这种热爱耗散掉，代之以奋斗精神和流程优化来巩固。奋斗者是先付出后得到，这与先得到再忠诚有极大的区别。

正确心态看待员工流失

不少企业领导认为，员工应当“从一而终”。这种老板一旦遇见员工跳槽，甚至会骂人家是“三姓家奴”。其实，不妨想想，自己能给人家终身雇佣的保证吗？

事实上，人们跳槽的理由是很现实的：更多的钱、更大的自由度、更高的成就感……但无论如何，公司都会因此蒙受一定的经济损失，更不用说管理者在招聘、培训中浪费的精力和公司损失的效率了。因此，正确解读员工流失现象亦成为管理者工作中的一个重要组成部分。

员工流失是一个令许多企业头疼的问题，如何留住核心员工是企业管理的一个热点。但是也不要把员工流失与员工忠诚度简单地对立起来，把高流失率视作洪水猛兽。许多经营状况十分理想的公司，包括一些世界著名的大公司，员工流失率也颇高。有时，甚至明知他是人才，也鼓励他辞职，乃至劝他辞职。

1. 薪酬与能力是否匹配

在辞职时，即将离开的员工对雇主最常说的理由是他们离开是为了“更好的机会”，这通常被理解为意味着“更多的钱”。确实，薪酬往往是跳槽的最重要因素，但其实还有更深层次的动机。

很多优秀人才都接到过人才猎头机构的电话，劝说他们跳槽到别的公司更为有利的位置，但他们通常拒绝了这些机会。为什么？因为他们满意目前的工作。

那些接受邀请的优秀员工，通常是受到其他因素的推动，比如和老板关系不好、发展前途不明朗、公司的激励机制不公平等。可以将这些称为“催人多变因素”，因为它们将员工朝离开公司的方向推，而猎头的招聘电话则是促成员工采取行动的导火索。

主要的“催人多变因素”之一就是员工看不到工作表现和工资的联系。这出现在多数优秀员工身上，他们比别的员工更努力、效率更高、取得的成绩更好，但得到的是同样比例的加薪或奖金。然而，在相反的情况下——当员工知道，如果他们获得更好的成果，他们就能得到相应的金钱奖励时，他们不会轻易跳槽。

2. 员工的职业规划与发展前途

员工离职另一个原因在于看不到发展前途。请注意，“看不到”并不代表不存在。

然而，许多大公司仍沿用的做法是，公司高层人士一直在计划人员接替之事，但这些计划被视为头等机密。

曾看到一个案例，说是英国伦敦有一位K女士，是一位32岁的单身女性，一位资深金融工作者。她乐于经常出差，所以积累了丰富的专业经验。她没有自己的房子，无牵无挂，工作非常出色。在纽约一家银行的工作使她有机会到一个实行市场化的发展中国家，她参加的团队为经济市场化以前的政府提供经济战略方面的咨询。她的所有老板都喜欢她。她工作任劳任怨，且能够及时汇报情况。他们每年见她也就两三次，总是在她吃午饭和进行工作汇报时，而且总是在大股东们喜欢的那种有木雕装饰的俱乐部里。她甚至以抽大雪茄而出名！他们都知道的是：K女士工作很出色，她的“家”是她父母在波士顿的房子，在那里她自己只有一些零碎的日常用品。

他们不知道，其实他们也不关心，K女士还有一个秘密——她经过8年的四处奔波，在没有个人支出的情况下，她积攒了一笔数目可观的钱，对于一个单身女子而言，这些钱足够她生活好多年。她非常喜欢电影，尤其是独立制片的。

在银行毫不知情的情况下，她利用4年中的所有假期在一所电影学院进修，现在她已经是一位羽翼丰满的电影导演。不仅如此，通过个人关系，她在一家影视机构谋得一份工作：薪水很少，但她不在乎。

K女士辞去了银行的工作，去寻找另外一种生活，如果不是名望和幸福，那至少是个人满足和挑战。她的目标是记录一些发展中国家的奋斗经历，以使那些国家的人们开阔眼界，提高自己的境界。

银行大吃一惊。这位他们看上去思想单纯、目标单一、工作第一、无牵无挂的骨干走了。他们试图留住她吗？当然。他们答应给她更多钱吗？当然，多得她绝对不会认为是个小数目。但是这样做没用了——这样做从来都是于事无补的。

一个精英就这样流失了，她去做自己喜欢做的事情去了。

如果银行没那么以自我为中心，给K女士一个关于未来的远景规划，或者告诉她事情会如何，她就可能还会留在那儿。

事实上，完全可以向“有发展潜力的人选”讲明这些计划，激励他们，让他们知道公司看好他们未来的发展。因为如果员工感觉不到有发展或提升的机会，即使这些机会确实存在，从比较实际的角度来看，也就等于不存在。

3. 能否充分发挥才干

人有自我实现的需求。

许多人之所以去应聘某个职位，可能实在是被生活所迫，因为生活要花钱，而自己又缺钱，只好考虑去上班，而不考虑所做的工作是否能发挥他的潜能。同样，一些公司只是为了某个岗位而雇用某些人，因为他们那个岗位需要人。比如，公司在招聘员工时盲目追求高学历，以突出自己企业“实力雄厚”，甚至一名接线员也要求是重点大学的本科生。

但是，当他们工作一段时间后，发现某些岗位是“只要是两条腿、活的”就能胜任的工作时，他们就会产生一种自我价值被否定的感觉。

如果不是出于创造价值而招人，就会埋下人才流动的隐患。这样互相凑合的结果，就是一段时间之后，雇主和雇员双方都会因为不满意对方而“一拍两散”。

4. 成就感、认同感

还记得那个流传甚广的《两个石匠》的故事吗？

有两个石匠正在砌墙，一名旅游者途经当地，向他们问道：“你们在做什么？”

第一名石匠牢骚满腹地回答说：“我正在砌一道该死的墙。”

第二名石匠愉快而且骄傲地回答说：“我正在盖一座教堂。”

这个故事很有意思，它在告诉我们，员工如果了解自己工作的意义，就会激发他的使命感，也就是会被人认同、尊重的需求。这种工作的热情是金钱买不来的。相反，如果雇员看不见自己工作的重要性，或他们的贡献不被人承认或看重，他们的工作就变成了无意义的重复“搬砖”。你认为哪个石匠更有可能干到底呢？当然是后者。

这里的要点是必须让员工感到，他或她是在“建造大教堂”。所有的员工都应相信自己工作的重要性，不论是餐厅服务员、公司文员，还是工厂工人，每个人的工作都能对我们的社会起到重要而积极的作用。

因此，领导者要学会发掘“意义感”，因为这是让工作具有意义感的重要形式。比如，四处走走，视察雇员的本职工作，让他们相信他们的工作是非常重要的。让他们看到客户满意的笑容，看到客户的感谢信。领导者须确信不疑地向雇员表明，他们的工作对于公司的生存和发展至关重要，他们的工作对这个社会是非常有价值的。

此外，领导者不要轻易承诺，承诺后，一定要兑现自己的承诺。比如，要根据员工实际工作成效有差别地进行奖励。

5. 心理预期落差

雇主和雇员之间，对彼此都抱有期待。雇主希望员工准时上班、业务素质过硬、能和同事齐心协力等。雇员则期待公司工作环境健康、令人心情舒畅，老板人好，工资高等。这些预期有些是合理的，有些则不一定。

企业在招聘员工时，经常会出现信息不对称的现象。

招聘者害怕找不到人，往往对工作岗位语焉不详，缺乏真实具体的描述。

招来的雇员，尽管没有得到充分的信息，为了工作往往也来上班了。由于双方的很多期待都没有摆到桌面上说清楚，彼此之间的期待就可能会落空，这就会造成人员流动性高。

尤其是新毕业的学生，常常期待能受到重用，被安排具有挑战性的工作任务，并得到快速的提升。很多时候，他们对新工作的这种期待并不现实。当他们的愿望没有实现时，他们或者磨洋工或者干脆离职。

体力工人面对心理落差，也会很快选择离职，他们离职的主要原因，往往是工作环境太差了。办公室员工离开是因为他们被分配在小格子间里而不是单独的办公室。

“人才市场”的本质就是企业和雇员的一个交易行为。当员工觉得自己“亏了”，他就会离去。当他觉得前老板待自己不薄，他甚至会与原来的公司联系，想知道是否还能回到原来的工作岗位。当员工在职场上兜兜转转后，才会产生“货比三家不吃亏”的心理。

6. 雇员不是社畜

如今环境恶劣、裁员成风、损害员工利益的公司大量出现，从而扼杀了员工的忠诚。企业对员工利益的漠视主要体现在三个方面。

· 故意损害员工利益，如公司领导“说话不算数”，背弃自己的承诺。

· 试图通过让员工陷入恐惧或压力之中，来榨取高效率。比如在裁员潮来临的时候，威胁给员工降薪。

· 打击员工、霸凌员工，而不是激励员工。

人力资源市场的本质是一种互惠的交易，当一个企业在占据优势的时候践踏员工权益，这样的企业文化可以叫作“企业霸凌主义”，它有以下特征。

· 过多地要求个人做出牺牲，比如不给员工法定节假日，甚至加班不给加班费。

· 令人有持续不断的危机感。

· 让员工7×24小时待命，随叫随到。

· 规定不合理的期限。

·“996”的加班方式。

“企业霸凌主义”会给企业带来巨大隐患，因为每个人内心都有一个追求公平的本能，雇员其实是一直在潜意识里想要讨个公道，它会导致以下后果：

· 员工对工作失去热情，甚至感到厌恶。

· 心情沮丧，以致离职，甚至投诉企业。

· 员工磨洋工，或者故意在关键时刻“掉链子”。

· 缺乏创新精神，觉得这家企业配不上自己奉献更好的东西。

· 生活质量低下，家庭冲突不断。

· 逼走积极、有创造性的优秀员工，留下的往往是平庸之辈。

甚至很多“大厂”仍存在这种现象，这让很多年轻人会产生自己创业的梦想。

很多公司会宣扬“公司是我家”，这大多是一种欺骗。很多时候，公司更像是一个部落。当员工感到自己被辜负，“公司是我家”的口号就会令人感觉到虚伪。所以，最好是不要给员工灌输“公司是我家”的预期，这样至少员工的失望会小一点。

7. 工作与生活的平衡

小威在位于北京市中心位置的一家出版公司工作。他是一位特别优秀的编辑，独身，就像典型的知识工人一样，他住的地方步行就可以到达开放式的办公场所，他在街对面的咖啡厅会见作者，他与同事一起消磨时间，甚至组成了一支乐队。

后来他的生活开始发生变化。他遇到一位叫阿珍的女孩，坠入爱河，然后与阿珍结婚。

阿珍也在一家出版社工作。他们共用他的住处，包括一间卧室、一个厨房和一个卫生间，很不方便。原来还好说，他单身，她也只是过来度周末。现在这里同时堆满了她的东西。房间变得狭窄而不透气，只有单身的人才愿住这儿。

他们决定搬家。不能再泡在酒吧、俱乐部和餐馆里，他们想邀请朋友到家舒舒服服地吃饭，他们想家里有宽敞的空间。他们开始找房。他们原想找到能够按老习惯步行去上班，或者至少在公共交通方便的地方。结果他们发现，即使是购买两居室，对他们来说也是太贵了，在一线城市都是这样的情形。

怎么办？最后他们在郊区的一个小镇买了一套小房子，在一条很普通的街上，上班坐一个小时公交车。它可以算是一个家，但是缺少了当初小家里的那种活力。他们又有什么打算？他们决定再次搬家。他们觉得，两个人的薪水加起来10年时间也不够他们在北京买套房子。而且这个过程也太痛苦了！

所以，他们正在积极寻找新的工作，找的都是首都之外的地方，比如天津，那些地方虽没有最好的出版社，但是房价可以承受。

这则案例具有一定的代表性。那些有才华的年轻人对安定生活比较向往，赚钱不是他们的唯一追求，他们会在投入工作与享受生活之间找到一个最佳的平衡点。

作为管理者，如果你想要培养人才，就需要知道他们想要做什么，他们的发展方向在哪儿。如果你看重他们所做的贡献，就要帮助他们完成人生的转变。

管理者不应只关心员工的工作问题，也应对员工的生活问题给予一些关注。

精明的出版商并不知道小威要离开，甚至丝毫没有产生怀疑。如果能早点洞悉小威的心事，一定会想尽办法留住他，因为，小威是个核心员工，是出版商绝对需要留住的摇钱树。但是，为时已晚。他没有看到小威在公司留言墙上的留言。小威和阿珍已经进入了一个新的生活阶段。小威的老板错过了一个好机会。

8. 猎头公司的游说

猎头的英文是 headhunting，本来是指食人族部落中的一种现象，把敌对部落的人杀了后，头取下来。现在指的是一种高端人才中介。其实，在企业间竞争白热化的市场中，被“挖墙脚”所带来的损失，和被敌对部落“猎头”还真有相通之处。

猎头这种人力资源中介最早出现于“二战”后的美国，专门帮企业寻找搜寻紧缺的管理或技术人才。猎的是“头脑”，是人力资源中的智慧和经验。

有一句话是“猎头公司从来不帮那些找不到工作的人找工作，而是帮那些从来不愁找工作的人找工作”。这就像银行选择贷款对象的标准一样，这些“被猎”的人其实是不缺工作的。这些人要么握着专业的技术，要么是有着独到的企业管理方法，他们属于一上来就能创造价值的“香饽饽”。

如果有一天，你的核心员工突然接到一个来自猎头公司的神秘电话，说他们是如何如何地欣赏他的超人才华，有一个更适合他的职位正在虚位以待……这时候他已经进入了猎头的视线，同时，你也就变得相当危险了。

人才流动实为常态

某大公司的董事长Z先生对此应该有着深深的感触。

当初，Z先生爱才心切，大胆地起用天才少年C君为研发部一把手。而且，Z先生更将C君视为干儿子，挑起经营重担。然而，无瑕的履历与学历的光环，映照了人格的缺失。

C君虽被Z先生视为左膀右臂，然而其个性却引起公司其他员工的不满，甚至在彼此较劲的心态中，分化了整体的团结力与作战力。

更严重的是，利字当头竟是C君的行事风格。在取得充分信任后，C君反而在一些财团的厚利诱惑下，不仅带走公司的经营机密，而且也带走了一批人，和老东家做起了同样的买卖。

Z先生这种商界老兵尚且会遇到这种难题，何况普通的老板？

但是，你因噎废食、裹足不前，就能获得忠诚吗？

能力不佳的员工，并不代表没有一颗攀高枝的心。可能只是“骑驴找马”，暂时没有找到马而已。套用某女星那句“既然男人都花心，不如找个帅的”来讲：既然员工忠诚度不可强求，那还不如培养精英。

反过来想，如果企业高速增长，你会留住那些陪公司走过草创期，但效能低下，还拖了整个团队的后腿的雇员吗？你会给他多久的观察期呢？

坊间存在一种给雇员洗脑的书，有的领导者读多了，连自己都信了。

归根结底，员工能否留得住、是否愿意留，核心原则就一条：市场。

1. 以市场方式留人

员工流动性是一个让很多领导者抱怨的事情。

传统人力资源思维是，尽量减少员工的流失率。然而，新的思维则是以市场为原则，让员工合理流动。

你的目标不是要阻止水的流动，而是控制它的流向并保证它以你要求的速度流动。流动到一定程度，会达到一个平衡：员工和企业都觉得双方相匹配。

所谓顺应市场的方式，就是改变企业对员工的认识，以一种更有利于员工长期发展的方式进行管理。

所以，企业能否从市场的角度看员工，对预防员工跳槽也起着至关重要的作用。后面我们会进一步分析，以市场留住人才的方式主要包括哪些。

2. 通过经济手段留人

扪心自问，你开给雇员的报酬与同行相比是高了还是低了？你给的薪酬如果长期低于同行的平均水平，你就该给你的员工涨薪了。

你曾经为他赋能，曾经对他培训，但这是所有企业都会做的事情。不等于说员工就此就要做你的包身工了。在很大程度上，是他对自身身价的评估以及薪酬的市场行情而不是你，最终决定了他的去留。

实际上，他的进步先出现，而你的涨薪是才跟进的，其实你已经赚了。

还有一些公司，会通过期权这种“黄金手铐”来锁定核心员工。无论如何，对于雇员，你真的用心培养，又辅以能力匹配的薪酬，又何惧他离开？即使离开，在合适的时候也会回来的。

3. 通过职位设计留人

职位设计的目的，是长时间留住在某些岗位上具有特殊技能的员工。这就需要仔细研究具体岗位需要什么样的人才，最需要这些人做什么工作。

比如，UPS 公司认为，司机才是他们的关键员工，就从后勤上加强对司机的协助，让司机尽量减少一些可有可无的工作。某医院认为，护士才是他们的关键员工，于是，他们就为护士们配上助理来填写各种汇报表格，这样可以让护士腾出更多精力，专心服务于病人。

员工的职责不仅要符合职位的需求，也要尽可能地符合其个人特质。美国宝信保险公司正是这样用人的，公司会提供各种各样的工具来迎合员工各自的兴趣、价值观和技能，并且鼓励经理们把报酬、收益和任务与员工的个人特质相配。

4. 通过团队建设留人

就像部落法则所阐明的，雇员是“社会人”，而不仅仅是“经济人”。员工对公司的留恋，很大程度上是在工作中和同事建立的关系网。员工对公司的忠诚度可能会消失，但对同事的感情不会消失。类似华为、阿里这样的企业，对于离职员工已经开始敞开怀抱，欢迎他们“回家看看”。

通过正确的“团建”方式，可以发展出健康的职场关系，从而提升工作效率。

同时，公司也可以因此减少员工的流失率。

通过在工作中创立和发展社会社区，比如“团建”，创造一种社会纽带，把员工们“捆绑”在当前工作中，等等。

企业招聘员工的方式，除了通过媒体发布招聘信息，也会通过员工或他人推荐，哪种效果最佳呢？有一个有违直觉的调查统计结论：通过人际关系推荐雇用到的员工所占比例最高。

通过人与人的关系网络而达成的招聘，建立劳动关系，本质上是出于人与人的信任。这种关系网络，也可以成为留住员工的一种力量。

从行为科学的角度来看，普通员工往往宁可背叛公司这种正式组织，也不愿背叛自己所拥有的社会关系网。如果一个雇员是通过关系进入公司的话，那么他离开的时候，肯定也会权衡社会关系这个因素。这其实也是部落法则在起作用，也许你不赞成这种留人方式，但是这种方式在实践中确实有用。

5. 和竞争对手合作

这个建议看似不可思议，其实是非常现实的考量。20世纪中期，美国大的飞机制造公司之间争夺政府订单方面竞争激烈。

赢得订单的公司，会需要大量的员工以增加产量。输掉订单的公司，则要大量裁员，以降低运营成本。

这些公司互相博弈的一个结果，就是相互“租借”员工。输掉订单的公司会向赢得订单的公司“出租”熟练工，而不是解雇这些雇员。

这样一个博弈均衡的后果，达到了双赢的局面。输掉订单的公司避免了裁员导致的人事震荡，赢得订单的公司也可以快速“租”到来之能战的熟练工。

事实上，员工从不属于哪一家企业，人力资源是一种可以流通的资源。